小书本 大世界 XIAOSHUBEN DASHIJIE

世界未解之谜

崔钟雷 主编

JM 吉林美术出版社 | 全国百佳图书出版单位

图书在版编目（CIP）数据

世界未解之谜 / 崔钟雷主编．—长春：吉林美术出版社，2010.10（2022.1重印）

（小书本大世界）

ISBN 978－7－5386－4742－6

Ⅰ．①世… Ⅱ．①崔… Ⅲ．①科学知识－青少年读物 Ⅳ．①Z228.2

中国版本图书馆 CIP 数据核字（2010）第 185736 号

书　　名：世界未解之谜

策　　划　钟　雷
主　　编　崔钟雷
副 主 编　刘志远　芦　岩　杨亚男
出 版 人　赵国强
责任编辑　栾　云
开　　本　787×1092 毫米　1/16
字　　数　100 千字
印　　张　11
版　　次　2010 年 10 月第 1 版
印　　次　2022 年 1 月第 4 次印刷

出　　版　吉林出版集团
　　　　　吉林美术出版社
发　　行　吉林美术出版社图书经理部
地　　址　长春市人民大街 4646 号
　　　　　邮编：130021
电　　话　图书经理部：0431－86037896
网　　址　www. jlmspress. com
印　　刷　北京一鑫印务有限责任公司

ISBN 978－7－5386－4742－6　　定价：35.80 元

前言 QIAN YAN

广阔的宇宙如此浩瀚，有太多的谜团吸引我们好奇的心；纷繁的世界如此丰富，有太多的精彩诱惑我们明亮的眼睛。

在快节奏的现代生活里前行，我们有时需要静下心来翻开一本书，让疲惫的精神在知识的家园里徜徉。“小书本大世界”这套丛书，便可以满足我们的需要。

本系列丛书编入了人们最感兴趣的话题，并且图文并茂，图说新颖。未解之谜包含了自然、社会、历史众多的悬疑奇案，《动物世界》展现了各种动物的千姿百态，《十万个为什么》解答了大千世界的种种疑问，《88位中外名人故事》演绎了各位名人成才的艰辛历程，《地球之最》涵盖了人类家园的最新知识。

小小的书本里面蕴藏着一个大大的世界，在小书本里面，可以汲取无尽的知识，可以开阔狭窄的视野，还可以带来心灵上的轻松和愉悦。那么，让我们快速打开这套书，享受其中的乐趣吧。

编　者

目录 MU LU

自然未解之谜

地理未解之谜

历史未解之谜

自然未解之谜

从远古的图腾崇拜到如今的科学探秘，种种神秘的自然现象使人们感到困惑，是纯属偶然还是暗藏玄机？这所有的谜团激励着人们不断地探索与发现。

最后一块神秘的大陆

南极洲被人们看作是地球上最后一块神秘的大陆，因为那里有着太多的不解之谜。

绿色的冰山

在南极附近航行的船员们时常发现南极洲的一些冰山是绿色的，至于是什么原因造成的，一直未被人揭晓。美国的一位地理学教授认为，这是露出水面的淡黄色生物体在太阳的照射下与蔚蓝的大海相交融呈现出的颜色。

臭氧空洞

20 世纪 80 年代末期，科学家们发现，在南极上空的臭氧层出现了一个大洞，这就是“臭氧空洞”。臭氧是地球的“天然屏障”，虽然宛如一层轻纱，但却保护人类免受太阳光中紫外线的伤害，同时还能避免引起“温室效应”，因为温室效应会导致海平面上升。

过去，人们一直认为臭氧层的减少，是工业污染和人类不注意环境保护的结果。然而，在南极洲 500 万平方千米的大陆上，人迹罕至，哪里会有污染？这确实令人匪夷所思。

所以，苏联的一位科学院院士奥杰科夫指出：南极上空“臭氧空洞”的出现，是外星人从外太空对地球进行科学考察的结果。他还说，世界范围内海平面近100年来上升了32厘米~35厘米，这也是受地外文明的影响。“臭氧空洞”出现在荒无人烟的南极洲，是外星人“污染”的结果吗？对此我们尚无定论。

德国纳粹在南极建有军事基地吗

关于南极洲，还有一个更加奇异的传闻。

比利时不明飞行物研究中心的研究员埃德加·西蒙斯、本·冯·普雷恩和亨克·埃尔斯豪特等人公开声称：南极洲有德国纳粹的军事基地。第二次世界大战后期，德国的潜艇很可能把德国的科学家、工程师和科学研究器材运到了南极洲。而且有消息说，在1939年，希特勒曾经把他的亲信阿尔佛雷德·里切尔派往南极进行实地考察。所以，纳粹余孽把南极洲当作军事基地进行飞碟研究的说法并不是无稽之谈。

南极曾适宜人类居住吗

对于南极的猜测还不止这些，许多专家学者都对南极洲产生了兴趣，例如：美国两位玛雅文化研究专家埃里·乌姆兰德和克雷格·乌姆兰德在《玛雅文明消失之谜》一书中指出：南极洲在过去并非全部被冰层覆盖，那里曾经是“适于人类生存”的地方，那里可能是神秘的玛雅人在地球上生活的第一个基地；在南极洲的冰层下面，可能还遗留着他们所用的劳动工具，甚至还会找到玛雅人的遗体；而且，玛雅人或其他“史前文明人类”似乎仍然生活在南极洲厚厚的冰层下面。

飞行家、探险家理查德·拜德有过一次难忘的南极飞行，并在飞机上作过一次令人难忘的飞行广播。拜德将军说，他穿过朦胧的光雾后，进入了一个绿色地带的上空，在“草原”上，有一种像美国野牛似的巨兽，还有一些别的动物和类似“人”的生物。当听得津津有味的听众们想进一步了解情况时，广播突然中断了。有关方面声称：“拜德将军的广播报告是在精神过度疲劳和产生幻觉的情况下进行的。”

事后，有关这次南极探险经历的报

道内幕再也没有公开，当事人也没有再作任何解释。

前不久，美国和俄罗斯的人造卫星探测发现，在南极洲的冰原下，竟然隐藏着一座城市。专家们介绍说：这座城市位于南极冰原下约1.6千米处，直径有16千米长，市内有高楼大厦，而且还有先进的交通工具。

据悉，“冰城”建筑在一个圆拱形的空间内，城市里使用某种类似核能的能源，城内足以容纳2 000人居住。

太空专家称：这些生命代表的文化已有5万年至10万年的历史，那时的人类还处于穴居和茹毛饮血的洪荒时代。于是美国航空及宇宙航行局的科学家们进一步推测：“冰城”内的生命，可能是宇宙中一个已经消失的智能生命的后代。

在南极洲，有这么多神奇的谜题困扰着人类，它确实可以称得上是一块神秘的大陆。

沙漠与热带雨林

撒哈拉沙漠位于东半球的非洲，是世界上最大的沙漠；亚马孙热带雨林区在西半球的南美洲，是世界上最大的热带雨林区。两者自然景观千差万别，而且中间隔着广阔的大西洋。要说撒哈拉沙漠滋养着亚马孙热带雨林，似乎不太可能，甚至会认为它们之间是风马牛不相及的两件事。可是，现代科学技术却证明这种猜测并非臆断。

沙漠确实滋养了雨林

亚马孙河流域面积 705 万平方千米，其中亚马孙平原面积约 560 万平方千米，是世界上最大的冲积平原。

然而，在亚马孙河流域的土地上，磷酸钙极为贫乏，腐殖土几乎没有。那么，这里为什么能生长出大面积枝繁叶茂的热带雨林呢？它们所需要的养分从哪里来？又是什么原因使它有充足的养分来不断扩大雨林面积呢？最新科学研究指出，如果没有非洲沙漠尘土的侵入，亚马孙河流域将会是草原，而不是广阔富饶的热带雨林。

营养尘土乘风而来

近年来，美国气象卫星和美国航空航天局特殊飞行器追踪了这些到达亚马孙热带雨林区的巨大尘埃云，发现它们主要来自非洲撒哈拉沙漠及其以南的半干旱地区。美国迈阿密大学的一位科学家指出，这样的尘埃云也可到达加勒比海域的一些岛屿和美国

南部的一些地方，就像巴巴多斯岛上相当一部分土壤是来自非洲一样。

运送这些尘埃的载体是低纬地区上空的东风带。按东风带上的风速计算，撒哈拉沙漠富含养分的尘土跨越大西洋到达亚马孙河流域需要 5 ~10 天。

亚马孙热带雨林同撒哈拉沙漠有密切联系。1987 年亚马孙地区的巴西、玻利维亚、秘鲁、厄瓜多尔、哥伦比亚、委内瑞拉和圭亚那等国成立了亚马孙合作条约联盟，其中有一项任务，就是密切合作，在亚马孙地区进行科学考察，保护森林生态，共同开发自然资源。

"火雨"之谜

火雨是一种极为少见的自然现象，世界范围内的森林大火很多都是由火雨造成的。因为这种雨很容易引起火灾，所以它才被人们称为"火雨"。大约 100 年前，火雨毁灭了亚速尔群岛地区的一支舰队；而在得克萨斯，火雨也曾引起了草原上的特大火灾。

由于是瀑布式倾倒，所以由火雨产生的火灾很难扑灭。发生这种火灾时，不仅要扑灭已燃烧着的物质，还要集中精力对付高达 2 000℃的热雨。为此，扑救这种火灾时除了要使用水，还要使用特殊的硅质粉，以隔断热源同氧气的接触。

火雨的成因

对火雨现象的解释，目前存在 2 种观点。

一种认为这是由彗星散落后的零星物质落入地球而造成的。从彗星在太空散落，到地球上出现火雨，这期间应该需要 2 年~6 年。由于近年来天体物理学家观察到越来越多的彗星散落现象，所以非常有可能在最近 6 年~15 年内要出现一些火雨。届时火雨造成的火灾的数量每年将达 8 起，而 50 年后每年将达 30 起。

另一种观点认为，火雨现象是我们尚未认识到的另一个文明世界对我们的破坏活动。这种想法从表面上看，似乎是天真的，但持这种观点的人认为，如果火雨现象来源于宇宙，是彗星散落的产物，那么化学家通过光谱分析应该能发现火雨中所含有的彗星化学成分，但迄今为止，化学家在这方面的研究仍没有最终结果。

神秘的空中现象

大自然中有很多科学无法解释的神秘现象，其中最令人们感到惊异的莫过于世界上常常出现的天象图。

怪异现象

1999年1月18日上午，新疆地区在几场大雪过后，昭苏高原上空出现了一幅神奇的景象，如一片江河、湖泊在天空中闪现。在水域的旁边矗立着风格迥异、造型别致的建筑物。欧式小洋楼与独具现代化气息的摩天大楼交相辉映。马路上车辆穿梭，川流不息。路上还有头戴礼帽，身着华服的人匆匆前行。

据西方媒体报道：1993年2月1日，饱经战火洗礼的索马里发生了一场飓风沙暴，天空、路面一片昏暗，突然沙暴停止，天空中出现了一幅清晰的耶稣面容画面，长约150米，在场的所有人都目睹了这一空中奇观。当时的美国海军陆战队卡马拉少校在现场拍摄到了这张神奇的照片。照片中耶稣的面容清晰可见。据目击者称，耶稣的脸在空中出现了五六分钟，之后便随风飘散了。

第二次世界大战期间，英美联军在诺曼底登陆后，在法国领土上同德军交战，战争愈演愈烈，黑暗的天空顿时成为一片火网。就在此时，天空突然出现了一个巨大的纳粹旗。英美联军大惊失色。联军指挥官命令打开探照灯，炮击空中巨大的标旗。突然，这一“天然标志”从空中变形散落，只留下长长的烟痕。这之后，纳粹党卫军迅速溃败。英美联军指挥官们都认为，这是德国科学家们为鼓动法西斯军队的意志而故意制造的“天象图”。直至德军战败后，其他国家的军事科学家们都没能得知这幅天象图中隐含的奥秘。他们查看了所有德军的军事档案，均找不到关于此事的记载。人们不禁产生了种种疑惑，如果说这一图像是自然形成的，为什么会在战场上突然出现呢？这个谜团仍有待破解。

1990 年 6 月的一天，苏联的奥德萨地区，碧空万里无云，月光铺撒大地。谢尔盖一家正在自己的花园中纳凉，突然一阵风吹过，天空中出现了一幅巨大的图像。图像中有一张巨大的古典式安乐椅，椅子上坐着一位头戴王冠，身着欧洲中世纪宫廷长袍的中年女子。谢尔盖全家目瞪口呆，谢尔盖的妻子立刻拿出相机，对准天空拍摄了十几张清晰的照片，当照片在苏联各报刊登出后，人们纷纷议论，而且很多人都说自己也看到了同样的画面。苏联科学家们也无法解释这一奇观形成的原因是什么。

而在同年 10 月的一天，苏联雪比察市的市民们突然看到晴空中出现了一幅美艳绝伦的女子全身像。而且人像占据了大半个天空，她仰靠在一张躺椅上，金发披散下来，一双清澈的眼睛在不停地转动，像是在俯视她的市民们。当地电视台、报刊记者们都把录像机、摄影机的镜头对准了天空，拍下了这位天空“仙女”。这一奇观历时半个多小时，才逐渐消散成一块块不规则的金黄色云块，消失在无边无际的苍穹。

科学谜团

种种天空奇观的出现，令苏联科学界和克格勃苏联国家安全委员会大为震惊。为了研究这一触目惊心的天象奇观，克格勃组织科学家成立了调查研究小组，对这一神奇现象进行全面探究。

有些科学家认为：美国拥有制造天象图的高科技，这是美国继承纳粹德国军事科学的重要成果的证据。但苏联解体后，一些俄国科学家又对这些图像资料进行反复研究，最终认为，以人类当时的科技水平是无法制造出这样神奇的“天象图”的。

美国物理学家康拉德尔教授认为：天象奇观的出现是自然现象。由于地球自转及阳光、温度、风力的变化，天上的云彩会不断变幻。在这样不停的变动中，地球的某一区域上空自然会出现几幅类似某种图案的“天象图”，人类不必为此感到惊奇。日本著名气象学教授认为：天空犹如一个巨大的“万花筒”，空中云层浓密，光照反射强烈，“万花筒”又是在不停地变化着，所以在千变万化之中偶尔形成图像的可能性非常高。

美国天体物理学家文达尔克博士则对上述说法持反对意见，他认为：这样的解释太过于简单，无法针对具体问题进行分析。“天象图”的形成，肯定不会是自然界的变化巧合形成的。他认真地研究过多幅“天象图”照片，并一直坚信有“地外文明”存在，“天象图”就是外星人向地球发射的信号，是一种有意制造的“迷魂阵”，希望以此来吸引人类的探索。时至今日，关于玄妙奇异的天象图的种种说法都只是人们的假想和猜测，若要揭开“天象图”的秘密，还有待于人类进一步的观测研究，至此妄下定论往往是不现实的。

奇异的定时雨

一年365天，雨随时会下，并无固定的日子和确定的时间。但在一些地区，竟然真有“定时雨”，即在一定时间一定会有雨准时降下。

几种类型的“定时雨”

美国宾夕法尼亚州的韦恩思堡，在每年的7月29日，即使前一天还是万里无云，烈日当空，一到这一天，雨水便会从天而降。当地人们把这一天定为“降雨日”。

更为奇怪的是，在巴西的巴拉城，每天都要下几次雨，而且每次下雨的时间都相同，因此，巴拉城的市民们都习惯于用下雨的次数来计算时间。如果约定见面时间，不说上午几点或下午几点，而是说第几次雨后。

印度尼西亚爪哇岛的土隆加贡区，每天都有2次准时降临的大雨，一次是下午3点左右，一次是下午5点30分左右，当地小学生上下课都不用时钟报时，而是把2次下雨时间作为上课和放学的时间。

海底世界的飘雪奇观

海洋赋予人们无尽的遐想，而海底深隐的奇观更令人们神往。深海飘雪，乍听起来让人们倍感疑惑，但是你不得不承认，这一现象真的发生在海底世界里。

奇景突现

1973年的夏天，美国海洋科学家们执行“美法联合大西洋洋中脊水下考察计划”，他们乘船来到大西洋海域，准备搭乘“阿基米德”号深潜器进入海底，实地考察洋底断裂情况。

“阿基米德”号缓缓潜入海洋深处，当深潜器下潜到两千五百多米的深海时，科学家们透过观察窗看到探照灯所照射到的范围内，有无数像雪花一样的东西纷纷洒洒地飘落，有时还会呈现成串的雪片，从观察窗前掠过。海洋科学家们虽然有过多次下潜经历，进行过多次海底考察，但从来没见到过如此壮观的海底雪景。

浮游生物

深海中的“雪片”使科学家们一头雾水。他们开动潜水器的机械

臂，将海底的“雪片”收到取样器中，打算对其进行深层分析。经研究发现，这些絮状的物质其实并不是雪片，而是海底的浮游生物。于是，科学家们将这种物质命名为“浮游生物雪”。

至此，大西洋深处的浮游生物雪，开始引起了海洋科学家们的关注。之后，不断有人潜入深海对这一海洋生物进行勘察。当他们在为这一深海奇景而慨叹的时候，也产生了种种疑惑，深海“雪花”只是浮游生物吗？除了浮游生物这种絮状物质外，能否还有其他物质能够形成“海雪”呢？科学家通过研究发现。形成“海雪”的物质除了浮游生物外，还有多种悬浮的颗粒，如海底中生物体经化学作用被分解成碎屑，包括生物排泄的粪便等等。但仅仅是这些物质，也无法单独作用形成纷飞的雪景。

光作用的结果

科学家还发现，“海雪”奇景只有在特定环境中才能够发生，即它仅发生在探照灯灯光照射到的区域内。这一事实给科学家们以启示。其实“海雪”奇景是海底光照作用的结果。我们日常生活中常常会看到这样的现象，当阳光透过门缝射进房间时，就可以看见光束里飘舞着一些灰尘微粒。而深潜器上的探照灯直射海底的时候，絮状物或生物体碎屑、生物粪便之类的物质就像尘埃一样在光影下舞动，发出闪亮的白光，同时由于光在水中的折射作用，使悬浮物看起来比实际大，突然看去会误以为是雪花呢。

由于这些飘飞的“雪片”是由浮游生物、生物尸体碎屑和其粪便等组成的，其中含有大量的养分，因此，“海雪”是深海鱼类的理想食物。但是，若要弄清“海雪”的形成机理，并不是一件容易的事，科学家们仍需要付出更多的努力，以探究海底世界的深隐内涵。

奇异的滚地雷

自然界常常有很多奇异的现象，球状闪电就是其中之一。它之所以神秘，是因为它并不常见，它行踪诡秘，色彩与外形变幻无常，霎时间就会产生极强的破坏力。

球状闪电又称球雷、球闪，是一种人们无法解释的自然现象。有些目击者称，他们看到了彩色的火焰状球体闪电穿透实体，甚至能穿透飞机的机身，当它咆哮着窜入房间时，往往会按照自己的路线行进。有些目击者认为，球状闪电是一种富有智慧的物质，它似乎知道自己行动的方向。但这种说法只是人们的想象罢了。

球状闪电的形状各异，有的呈梨状、有的呈哑铃状，而且常见的颜色有红色、橘红色、蓝色等。球体直径通常为100毫米~300毫米，有时也会达1 000毫米。当球状闪电从天空降落时声音微弱，甚至无声，有时则会发出“嗞嗞”的响声。球闪的移动路线极为特别，它喜欢挤门缝、钻烟囱，有时还喜欢顺着电线向上滑动，同时还伴随着“嗡嗡”的声响。当球闪距地面约一米左右时，会沿水平方向以约2米/秒的速度上下跳跃，有时会在距地面约一米时到处滚动，因此，人们常常将这种奇特的火球称为“滚地雷”。

球状闪电持续的时间较短，通常为3秒至5秒，偶尔为百分之几秒到几分钟，有时也有持续十几分钟的。火球在跳跃过程中遇到物体时会发出震耳欲聋的响声，同时会释放出臭氧、二氧化氮、硫磺气体等，易造成伤亡、火灾等事故。

科学家们推测，枝状闪电是产生球状闪电的必要条件，但球状闪电的存在时间较短，较为罕见，令人们难以追踪，所以这对人类来说还是一个难以解开的谜团。但人们可以对球状闪电进行有效预防，雷雨天气时。要紧闭门窗，若遇到跳动的火球，切忌去碰触它，轻轻避开即可。

雷击治疗顽疾之谜

雷电是一种壮观而又令人生畏的放电现象。它的发生给人们带来了极大的危害。但是偶然的一次机会，雷电竟然成了治疗病痛的好帮手，这究竟是怎么回事呢？

人们对于电流的承受能力是有限的，一般情况下，若超出几十伏的限度，人就会有生命危险。然而，在我国定州东亭区西四旺村发生的一件奇事令人们感到十分惊异。一天，一个电量达数十万伏的炸雷进入农民赵普的家里，人们猜测，这下子赵家人肯定会因雷击丧命。但是，惨遭巨雷袭击的两位老人不但没有生命危险，反而“治”好了身患多年的顽疾。

这件事发生在 1988 年 9 月 30 日晚，67 岁的赵普老人伺候患病多年的老伴刚刚睡下。这时，屋外下起雨来，霎时间，狂风怒吼、雷声大作。突然，窗外一道耀眼的闪电忽现，紧接着，一个紫红色的火球伴着轰隆隆的声响降落到赵家窗下。

两位老人惊恐万分，火团环绕着墙上的电灯开关，将电视机屏幕晃出闪闪的白光。再抬头望向屋顶，只见棚顶已被炸开一个巨大的窟窿，

电线和电视天线断为很多截。赵普老人被吓得目瞪口呆。很久后，他才想起床上身患病痛的老伴。那天晚上，同村的十几户人家都遭到了雷击，很多家电都被雷电击毁了，但是赵普老人家的家电却完好无损。更令人感到惊奇的是，赵普的老伴长年患有偏头痛和腰腿痛病，走起路来手脚颤抖，她平时除了每天服药外，晚上睡觉前还要人踩腿捶背，仍久久不能入睡。而赵普老人也患头痛病多年，服用了好几年药物也不见好转。就在那天晚上被雷电袭击后，两位老人的头痛病、腰腿痛病竟神奇地好了，赵普的老伴走路时轻松利落，也不再颤抖了，仿佛换了一个人似的。人们都颇感奇怪，最终也没能找出这其中的缘由。

离奇的活人失踪谜案

1880 年 9 月 23 日的傍晚，在美国东部的田纳西州的一个名叫卡兰迪的乡间小镇上，发生了一件离奇的活人失踪案。事件的主人公——大卫·兰克先生是这个小镇郊外一家大牧场的牧场主。

事发经过

事件发生前，兰克先生曾邀请友人——贝克法官和洛伊先生到家里共进晚餐。傍晚时分，贝克法官和洛伊先生乘着马车准时来到兰克先生家。

当时，站在大门前面的兰克先生听到马车声便与妻子和两个儿子一同前往迎接。

“欢迎！欢迎！”

只见兰克先生一边热情地挥着手，一边走向马车上的客人。可就在

这一瞬间，他突然消失了。

这究竟是谁在搞怪？

在场的每一个人面对这突如其来的怪事，都目瞪口呆。

警察们将整栋建筑物作了彻底的搜查，而且动用了警犬来搜索，可是仍旧没有兰克先生的影子。美国当地的报纸，几乎有一个月的时间都是以“兰克消失事件”为题而大做文章。这一事件轰动了全美，但经过多方调查寻找，兰克先生还是音信全无。

又过了数月，兰克先生的儿子来到父亲消失的马车前，忽然听到了一个奇怪的声音：“我好苦啊！好苦啊！”

于是警方又立即出动，不过依旧毫无收获。究竟兰克先生为何失踪？他现在是生是死？我们一无所知。

神秘的位移

地球上总有一些神秘的事情发生。1983 年 7 月，在比利时杜尔地区的瓦洛尼镇居住的克里斯蒂卡勒格朗和雷吉纳尔·波格朗夫妇，发现他们 14 个月大的婴儿吉尧姆的卧室里时常在夜里传出一种怪声。为了安全起见，他们请警察协助将这件事搞清楚。

警察调查的结果

警察在吉尧姆的房间，用粉笔把 20 千克重的小床 4 条腿的位置画在地板上，然后关上门下楼。楼上除了熟睡的婴儿外，没有任何人。过了 10 分钟，楼上突然传来低沉的声响，警察上楼后，发现门微微开着，而那张床竟挪动了 30 厘米。

警察局长托马在没有惊醒孩子的前提下，把这张床搬离墙面 25 厘

米~30厘米，然后离开房间，把房门关上。大家耐心地在楼下等了一刻钟。在这段时间里，没有任何人走进小孩的房间，这一点绝对可以肯定。但是，当大家再一次走进小孩子的房间时，这张床竟然重新回到了原来的位置上！可爱的吉尧姆仍然在床上睡得很香甜，而那扇离开时关上的门又微微开着。难道是风把门吹开的？但微风怎么能使一张长1.5米、重20千克的床挪动位置呢？真令人不解！一天，警察又观察到吉尧姆的床竟竖了起来，像一根交通标杆似的，而床上的枕头则放在床板的上方。

发现地质断裂带

有人推测，也许是因为勒格朗家住的那间房子盖在了一座老矿上面，所以才出现了这种怪现象。为此，他们特意查看了当地的地质图，发现杜尔地区的确靠近一条重要的地质断裂带上。难道这就是小吉尧姆的床自动挪位的真实原因吗？

地质断裂带与地球上的许多未解之谜之间到底存在着什么关联，科学家们对此知之甚少。因此，这种神秘的位移现象仍然是个难解之谜。

被雷电跟踪的人

我们常常听说有人遭遇雷击事件，却从没听说过有人被雷电跟踪这样奇怪的事。虽罕有听闻，但这样的事确实有过，美国公民瑞克·迪玛瑞利斯就是一个总是被雷电跟踪的人。

天空一旦出现闪电，瑞克就迅速躲进后院一间用绝缘材料搭成的小屋中。奇怪的是，他的家族成员也总是隔代被雷击，他的祖父就死于闪电袭击。那是一个晴朗的夏日，祖父坐在草坪的椅子上读报。雷电突然闪过，他的祖母急忙跑到院子里，见草坪已烧焦一大片，祖父倒在地上，耳朵和鼻子还在冒着烟，面部呈紫红色。

作为一个现代青年，瑞克并不迷信。他在大学里获得了数学和物理学学士学位，干了22年的航空失事率分析，他设计的多用途意外事故记录仪，至今仍在世界很多机场被使用。1988年的一次意外事件发生之后，瑞克便刻意保护自己以提防雷电袭击。他砍掉了房子周围所有的高树，拆掉了室外电视天线，穿上了胶皮靴。他还尽量避免接触妻子的身体，要是他在早饭桌上摸摸她的手，她便会触电似的躲开。瑞克的妻子拔掉了屋内的所有电气插头，还把绝缘水晶玻璃碎片垫在床下。即使常被玻璃扎到，她也坚持这样做。她还套上胶皮套袖，穿上靴子，在身上涂抹了一层防静电绝缘油。瑞克曾到医院检查过，检查结果表明他的血液、骨骼和组织都正常，只是头发中铜、锌和铁的含量高了一些。他向医生讲述了家族的悲剧：祖父因遭遇雷击死于草坪之上，而祖父的祖父被雷击死在牧

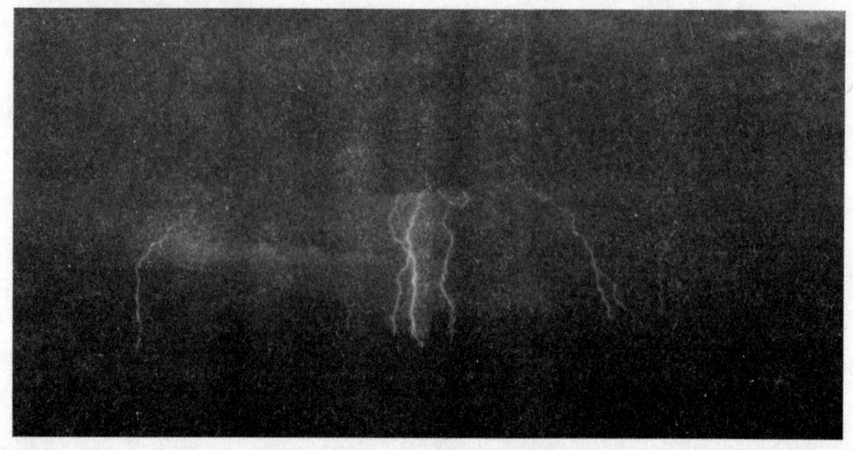

场上，他的堂哥是在暴风雷雨中打电话时被雷电击死的。瑞克的大哥因家用微波炉的微波引起他的心脏纤维颤动，不治而亡。

逃脱不掉的噩运

瑞克的话在医生看来并无理论依据，医生虽不确信，但还是建议他加强自我保护。一个周末，朋友台德约瑞克去湖中垂钓，他忘记了船底是铝制的。一开始天气晴朗，后来变了天，远处山林传来阵阵雷声，瑞克的钓竿碰到船底，传来一阵金属撞击声。瑞克的脸顿时变得惨白，他赶紧向岸边划去，但为时已晚。瑞克的嘴里喷出火来，空气中有一股洋葱的味道，船烧着了，把他们钓的鱼全都煮熟了，最后，铆钉熔化，船也裂开了，他们两个都掉进了湖里。台德后来告诉瑞克："我当时看到了你的骨架，看到了你的心脏在跳动，你通体透明。"这次遭遇使瑞克的面部肌肉落下了痉挛症，看上去总是傻笑不止。

瑞克再也不敢出门了，一天的大部分时间都是躲在密封的屋子里。对他的遭遇科学家们一直找不到原因。

会“唱歌”的岩石

在美国加利福尼亚州的沙漠地带，居住着许多印第安人，那里有一块巨大的岩石，几乎有好几间房子那么大。每当天空中升起圆圆的月亮，印第安人就陆续来到这块巨石周围，点起一堆篝火，然后就静静地坐在地上，冲着那块巨石三叩九拜……篝火熊熊地燃烧着，卷起一团团浓浓的烟雾，没多久，就把巨石紧紧地笼罩住了。此时，那块巨石慢慢地发出了一阵阵迷人的乐声，有时委婉动听，好像一首优美抒情的小夜曲；有时哀怨低沉，好像一首低沉的悲歌。巨石周围的印第安人一边顶礼膜拜着，一边如痴如醉地欣赏着这美妙的音乐。滚滚的浓烟和这神奇的乐声，飘向了空旷的沙漠，升入了深邃的夜空。

为什么这块巨石会发出那样动听的音乐呢？这块巨石里面又隐藏着什么样的秘密呢？对于这些问题，没有人知道，也没有人能够说清楚。

发声岩石

在美国的佐治亚州，也有这样一些会发出声音的岩石，人们管它叫“发声岩石”。这里到处是大大小小的岩石，它们不仅能够发出声音，而且这些声音就好像一首首美妙的乐曲。如果人们用小锤轻轻敲打这里的岩石，无论是大块的岩石，还是那些小小的碎石片，都会发出非常悦耳动听的声音。这奇妙的声音不但音韵纯美，而且音响特别清脆，像是从高山上流下来的叮咚作响的清泉，沉浸其中，令人身心俱醉。如果不是亲眼看见、亲耳听到的话，人们根本不会想到这声音是因为敲打岩石而发出来的。更让人感到惊奇的是，这里的岩石只有在这个地方才能被敲打出如此悦耳动听的音乐。有人曾经做过一个有趣的试验，把这里的岩石移到其他地方，无论怎样敲打都发不出那种美妙的声音。

石头谋杀案

石头会杀人，这是闻所未闻的。然而在非洲马里，7名地质队员就因一块形如鸡蛋的石头而相继死去，原因至今不得而知。

怪石杀人

1968年8月，地质勘探队队长阿勃率领6名地质队员进入马里境内的耶名山勘探。

他们在山中发现了一块重约5吨，形状好似鸡蛋的石头，它上半部分呈金黄色。阿勃命令地质队员把巨石搬到卡车上，准备带回去慢慢进行研究。卡车行驶不久，搬运巨石的6名队员突然感到手脚活动不灵，且全身有麻木感，视线也很快模糊起来，大家非常害怕。阿勃命令司机马上改道先去医院。医生检查发现。6名地质队员的手、脚及全身都已沾上了放射性物质，而且剂量相当高。1个月后，这6名队员相继去世。队长阿勃也因在这块石头上休息过，随后也死在了病床上。

解读真相

放射性物质危害人体健康，当受到大剂量的放射性辐射后，人体就会受到严重伤害。可放射性损伤一般不会马上出现症状，更不会在短期内使人死亡。根据已往的经验，曾有人在核事故中被烧伤，并受到严重的放射性物质伤害，但没有在短期内就突然死亡的。所以把7名地质队员的死亡原因单纯地归结为放射性伤害是并不准确的，而几位地质队员确切的死因也无法得到较合理的解释。

能治病的圣泉

“圣泉”的泉水有一种神奇的力量，它的神奇传说由来已久。在法国比利牛斯山脉中一个名叫劳狄斯的集镇附近遍布岩洞，其中一个岩洞后有一道泉水飞珠溅玉，终年不息，这就是传说中的“圣泉”。

据统计，每年大约有430万人去劳狄斯，其中大多是身患重病，甚至是病入膏肓或已被现代医学宣判“死刑”的病人。他们不远千里来到这儿，就是企盼在圣泉的水池内洗个澡以便能使自己的病情减轻一些。

在“圣泉”发生的奇迹

有名意大利青年，名叫维托利奥·密查利，21岁应征入伍，不久，他发现自己左腿持续疼痛，于是进入凡罗纳医院治疗。活组织检查诊断为一种罕见的癌症，癌细胞已破坏左髋骨部位的骨头和肌肉，该医院便将他转到特兰德军队医院，军医院也无能为力，又将他转至博哥肿瘤中心医院。

在肿瘤中心医院里他又作了进一步检查。医生预言他至多只能再活1年，这样他就又被送回特兰德军队医院。在那里，他住了9个半月的院，左半侧从腰部至脚趾都打上了石膏。X光透视发现他的病情一直在恶化。

1963年5月26日，小伙子在母亲的陪同下历经艰险到达劳狄斯，准备第二天便去圣泉沐浴。

圣泉的接待人员很多。他们大都是接受沐浴后恢复健康的人，病愈后就自愿来此当义务护理员。密查利被几名护理员脱去衣服，光着身子放进冰冷的泉水中，但打着石膏的部位并未浸着，只是用泉水进行冲淋。从圣泉归家后仅数星期，他突然产生了要行走的欲望，而且果真拖着那条打着石膏的左腿从屋子的一头走到了另一头。此后几个星期，他坚持不懈地在屋子里来回走动，体重也慢慢增加了。到了年底，疼痛感竟全部消失了。

1964 年 2 月 18 日，医生们为他除去左腿上的石膏，并再次进行 X 光透视。当放射科医生将片子送来后，医生们还以为片子拿错了，因为片子上明白显示出密查利完全损坏的骨盆组织和骨头竟然出乎意料地在 14 个月内再生了。1971 年 6 月，法国《矫形术外科杂志》对此作了报道。

奇迹产生的原因

其实像这样的病例还有很多。据报道，在 124 年中，这种被医学界所承认的医疗奇迹达 64 例，它们均经过设在劳狄斯的国际医学委员会的严格审定。该机构由来自世界 10 个国家的 30 名医学专家组成，这些专家均在某个医学领域具有一定的权威。

科学家们当然不会相信“圣母恩赐降福”的说法。法国著名生物学家、诺贝尔奖获得者艾列克赛·卡罗尔博士认为：这是心理过程和器官过程间的联结，这种联结使一些原属不治之症的疾病得以痊愈。有的医学家则认为：很可能有些病症并非是不治之症，纯粹是误诊罢了，故而在圣泉淋浴后便不治而愈了。不过这一怀疑似乎论据不足，因为病人先前的病史和诊断均经过严格的核实，核实这些数据的人员包括数百名医生、医学研究人员。

那么，圣泉“起死回生”的奥秘究竟何在呢？目前科学家们尚无定论。但随着现代医学的不断发展，人们一定能揭开圣泉神秘的面纱。

昼夜变形的奇洞

谁能相信，由坚硬岩石构成的洞穴口，竟然会在一日内变化数次，幻化出不同的形状。虽很难想象，但这一现象的确存在。

科学家们曾经试图证明该岩洞的石质为石灰岩，但经检测证明，此地为花岗岩结构，因而也就排除了岩石被水侵蚀的可能。目前，科学家们仍在对此进行探索，以期早日获得答案。

会变形的洞口

尼加拉瓜附近的丘科米尔镇有一个直径为 3 米的洞穴。上午洞口呈椭圆形，下午 3 时洞口变成长方形，深夜 12 点变为正方形，至翌日凌晨又恢复椭圆形原状。本地老人说，自古至今这个洞穴一直这样反复变化着。意大利电视台拍摄了洞口变化的全过程，并把它搬上了荧屏，但这种变化的原因至今还没有令人信服的解释。

往高处流的水

我们都知道"水往低处流"，可你是否听过或亲眼见过往高处流的水呢？这究竟是怎么一回事呢？

在非洲就有一条流往高处去的河流。这条河发源于安哥拉境内的比耶高原，沿安哥拉和纳米比亚的国界，浩浩荡荡向博茨瓦纳流去。这条全长1 600多千米、年流量为110亿立方米的大河神奇无比，流至博茨瓦纳北部三角洲后突然不见了踪影。因此这条河被当地人称为"流到天上去的河"；中国克孜勒苏柯尔克孜自治州乌恰县城190千米处，也有一条名为什克的神奇小河。水流沿着山坡逶迤而上，"爬上"一个高14.8米的小山包，然后才顺着山坡从另一侧向下游流去。河水为何往高处流呢？到目前为止，人类还无法解释这种现象。

夜明珠发光之谜

在我国许多古籍中，常常提到一些夜间发光的珠宝。这些奇珍异宝究竟是神话虚构还是真有其物呢？

能发光的宝石

古人曾传说夜明珠就是鲸鱼目。近代一些科学家认为它们可能是特殊的宝石矿物。据地质学家研究，自然界的确有少数几种矿物在受到外界能量刺激时会产生发光现象，如某些含杂质的金刚石、磷灰石、重晶石、萤石、白钨矿和水晶等。

1916 年，日本宝石学家铃木敏在所著《宝石志》中写道：日本的夜明珠是一种特殊的红色水晶，被封为“神圣的宝石”；英国当代学者李约瑟认为夜明珠就是萤石；我国也有人推测，某些宝石白天接受阳光暴晒，至夜间即能放光。古人可能把这些东西加工成圆珠形或其他形状，这就是古今中外传说或史书记载的夜明珠。

据 1984 年《河北科技报》报道，我国在广东某矿上发现一种浅棕色的萤石，证实了史书记述的夜明珠确实存在。但是，这些放光的矿物都需要事先接受外界的能量刺激，与古书的叙述又不尽相同。有没有无须光照也能放光的珠宝呢？据说慈禧太后死后嘴里就曾含着一颗夜明珠。

夜光杯为何物

唐朝诗人王翰的《凉州词》：“葡萄美酒夜光杯，欲饮琵琶马上催。”多少年来被广为传诵。夜光杯最早出现于何时何地，已无从考证。属凉州故地的甘肃酒泉曾出产夜光杯，原料采自祁连山上的祁连玉，也有人称其为夜光石。不过这种祁连玉根本不会夜间发光。有人指出，今之夜光杯非古之夜光杯。但也有人认为，古之夜光杯本身也不能发光。那么它为什么被叫作夜光杯呢？

有人说，夜光杯壁薄，斟满后对月映照，月影倒映杯中，月光透过杯壁，与酒色相辉耀而呈异样的光彩，故称夜光杯或夜光常满杯。

鉴于考古工作者至今没有在地下发掘到真正的夜明珠、夜光杯等文物，在自然界也没有见到过类似的矿物，关于它们的有无和奇异性质，目前仍是一个谜。

海平面是“平”的吗

平静的海面一望无际，广阔浩瀚，通常人们见到的海平面看似都很“平”，人们自然也就认为海平面是“平”的。然而近年来的海洋调查显示，海平面并非是“平”的。

随着海洋调查船的出现，特别是20世纪80年代人造卫星测量技术的发展，人们意外地发现，海平面并非是平的。即便是在风平浪静时，大洋表面也有几十米至百米以上的凸起或凹陷区域，如同陆地上的山峰和盆地一样。只是因为这种海面凹凸是在方圆1 000千米以上的广阔水平范围内逐渐变化的，因此不易被过往的航海者用肉眼观察到。

究竟是什么造成了海面的巨大凹陷和隆起呢？一些科学家发现，海面凹凸似乎与崎岖不平的海底地形有关。不过，并非所有的海面凹凸都能跟海底地形一一对应。让人无法理解的是，为什么凹陷海域没有被四周的海水所填满，凸起海域之水也不向四周流散，而始终保持了巨大的凹凸不平的形态呢？有的专家认为一些较大的凹凸区域，很可能与海底地壳的重力场分布不均匀有关。有的海底地壳构成物质重，密度大，引力也大，导致海面凹陷；而构成物质质量轻，密度小，引力也小，导致

海面隆起。还有些专家将这一现象归结于海底地形的影响，海底地形可使海面低于或高于周围地区约 15 米。但是在目前，这些解释都缺乏充分的证据。

虽然关于海平面不“平”的解释众多，但能令人信服的权威解释仍未出现，这还有待科学家们的进一步探索研究。

神奇的海火

1975年9月2日傍晚，在江苏省近海朗家沙一带，海面上突然出现了奇怪的亮光。亮光随着波浪起伏，就像燃烧的火焰那样翻腾不息，一直到天亮才逐渐消失。第二天夜晚，亮光再次出现，而且亮度较前日加大了。以后每天夜晚，亮度都逐渐加大。到第七天，海面上涌出很多泡沫，当渔船驶过时，激起的水流明亮异常，如同灯光照耀，水中还有珍珠般闪闪发光的颗粒物。几小时后，这里发生了地震。

海火的成因

这种海水发光现象被称为“海火”，它常在地震或海啸之前出现。

1976年7月，唐山大地震的前一天晚上，秦皇岛、北戴河一带的海面上也出现过发光现象。1933年3月3日凌晨，日本三陆海啸发生时，人们看到了更为奇异的“海火”。海浪底下出现了三四个草帽般的圆形发光物，它们横排前进，色泽青紫。后来互相撞击的浪花搅碎了这些圆形发光物。

“海火”是怎样产生的？一般认为，这与海里的发光生物有关。水里的发光生物因受到扰动而发光是早为人们熟知的现象。这些生物种类繁多，除水藻外，还有许多细菌和放射虫、水螅、水母、鞭毛虫以及一些甲壳类和多毛类小动物。因此，人们推测，当海水受到地震或海啸的剧烈震荡时，便会刺激这些生物，使它们发出异常的光亮。

但也有一些学者持有异议。他们提出，在狂风大浪的夜晚，海水也同样受到剧烈扰动，为什么不产生“海火”呢？

一些人认为，“海火”作为一种复杂的自然现象，很可能有多种成因，生物发光只是其中的一种，至于其他原因，至今仍是个未解之谜。

大海中的间歇水柱之谜

1960年，“马尔模”号航行在地中海上，船上的船员无意中发现一个奇异的、如白色积云的柱状体从海面垂直升起，但几秒种后就消失了。

一段时间以后，这一奇怪现象再次出现。船员们用望远镜观察，发现这一水柱每次喷发的时间大约持续7分钟，而后消失，隔段时间以后又重新出现。

这一奇怪的水柱究竟是怎样形成的呢？有人提出，水柱的产生是火山喷气作用的结果。地中海是一个有着众多的现代活火山的地区，但在水柱产生的区域，却从来没有过火山活动的记录。而且，船员们在看到水柱时，也没有听到过任何爆炸声。所以，有人推测，水柱的出现，源于人为的水下爆炸。可是，水柱周期性喷发的特征和水柱出现时不伴有爆炸声，似乎又排除了这种可能性。

“马尔模”号船员的发现，又给人们留下了一个未解之谜。

海洋中是否有“无底洞”

在希腊克法利尼亚岛的爱奥尼亚海域，有一个能吸进大量海水的无底洞，每天被这个无底洞吸进去的海水有 3 万吨之多。曾经有人推测，这个无底洞可能就像是石灰岩地区的漏斗、竖井和落水洞一类的地形。

我国四川省兴文县的石海洞，就有这样的一个大漏斗。石海洞直径约 650 米，深 208 米。无论是暴雨倾盆，还是山水骤至，其底部始终不积水。每次检测都能够重新找到消失于漏斗里的水流的踪迹，它们或近或远总会在地面上重新出现。但是，克法利尼亚岛附近的无底洞却与此不同，在那里消失的海水无论采用什么方法进行检测，都再也找不到了。

永远的吞噬

为了揭开这个谜，美国地理学会曾派遣一支考察队先后两次到那里考察、试验。第一次试验毫无结果。第二次，考察队员用玫瑰色的塑料小颗粒给水做了“记号”。他们把 130 千克这种带有特殊标记的水倒入海水里。片刻工夫，所有的小塑料颗粒就全部被无底深渊吞没了。科学家指望这一次可以把秘密揭开，哪怕能在附近找到一粒塑料颗粒也好，但是他们的计划还是落空了。

那么这里的海水为何会没完没了地“漏”下去呢？“丢失”的海水究竟流到哪里去了呢？到目前为止，还没有人能告诉我们准确的答案。

深海玻璃之谜

玻璃制品在人们的生活中随处可见，玻璃杯、玻璃窗、玻璃灯管、玻璃饰品等等……这些玻璃制品精美实用，受到人们的喜爱。普通的玻璃都是以花岗岩风化而成的硅砂为原料的，然而，在很难找到花岗岩的大西洋深海海底，居然也发现了许多体积巨大的玻璃块……

日常人们所用的玻璃制品都是硅砂经高温熔化，然后塑型而成。大西洋海底发现的巨大玻璃块令科学家大吃一惊，为了将这一海底谜题解开，科学家进行了多方面的分析和研究。首先可以肯定的是，这些玻璃不可能是人为扔到深海的，因为这些玻璃的体积巨大，远远超出了人工制造的范围。有些学者认为这些玻璃形成的原因可能是海底玄武岩受到高压后，与海水中的某些物质发生了一种未知的作用，生成了某种胶凝体，最终演变为玻璃。如果这一假设成立，今后的玻璃生产方式将得到极大改观。因为就目前的生产条件，人们制造一块最普通的玻璃，都需要 1 400℃—1 500℃的高温，而熔化炉所用的耐火材料受到高温玻璃溶液的剧烈侵蚀后，产生有害气体，影响工人的健康。如果可以用高压代替高温，将会彻底地改变这种状况。

人们试图将这一设想付诸实践，于是一些科学家将发现海底玻璃地区的深海底的花岗岩放在实验室的海水匣里，加压至 400 个大气压力，可是结果并不像人们假设的那样，什么玻璃也没有形成。这就使得科学家们对大西洋深海海底玻璃的形成原因更加好奇，他们进行各种实验，希望能解开这一自然之谜。

海水含盐之谜

辽阔的海洋占有地球表面近 3/4 的面积，地球总水量的 96. 53%是海水。可见，海水是地球水的主体。众所周知，海水是咸的，不过，关于海水中为何含盐这一问题却让很多人都感到困惑。这些问题已引起了人们的广泛兴趣。

关于海水为什么含盐的问题，科学家们基本上达成了一致的意见。他们认为，海水并不是一开始就充满盐分的。由于地球上的水不停地运动，不停地循环，每年从海洋表面蒸发掉的水分就有 1. 25 亿吨之多。其中部分水分是通过大气运动输送到陆地上空，然后形成降水再落到地面上，冲刷土壤，破坏岩石，把陆上的可溶性物质（大部分是各种盐类）带到江河之中，江河百川最终又回归大海。

就这样，海洋源源不断地从陆地上得到盐类物质，每年大约有 30 亿吨的盐分被带进海洋。而在海水的蒸发过程中，这些盐类却又不能随着水蒸气升空，只能滞留在海洋里。如此周而复始，日积月累，海洋中的盐就越积越多，海水自然就变得咸了。

当今世界上最咸的水域是著名的死海，它的盐分含量比海洋盐分含量的平均数高许多倍，以致几乎所有的生物都无法在里面生存。原因是它和海洋不相通，又地处炎热环境，水分蒸发速度远远超过海洋，所以盐分就聚集得更多。

如果海水中的盐分越积越多，海水越来越咸，海水中的生物能够适应不断变咸的海水而继续存活下来吗？实际上，关于海水将来是会变咸还是变淡的问题，至今尚无定论。不过许多专家都认为，总体来说海水的咸度会保持相对平衡的状态。

神奇的海底洞穴壁画之谜

1990 年，以科斯克为队长的水下探穴队在地中海一个景色优美的小海湾苏尔密乌发现了一处海底洞穴壁画，石壁上有 1 只山羊、1 只猫、1 只鹿、2 只鸟、2 头野牛和 6 匹野马，形象活泼生动，这些壁画极为珍贵，它们究竟出自何人之手至今仍是个难解的谜。

神秘洞穴

这一海底洞穴的发现颇富传奇色彩。1985 年，洞穴业余探险者亨利·科斯克为了探索沉睡在苏尔密乌海湾的古代沉船，专门购买了一艘长 14 米的拖网渔船“克努马农”号，开始了他的水下探险活动。一天，亨利·科斯克在水深 36 米处的岸壁上偶然发现了一个隧道口。就在他试图潜入时，随身携带的照明灯熄灭了，加上海水浑浊，周围的景物无法看清，所以亨利·科斯克不得不暂时将探索中断。时隔 5 年后，亨利·科斯克再次找到了隧道口，他进到了隧道尽头的洞穴，借助于手

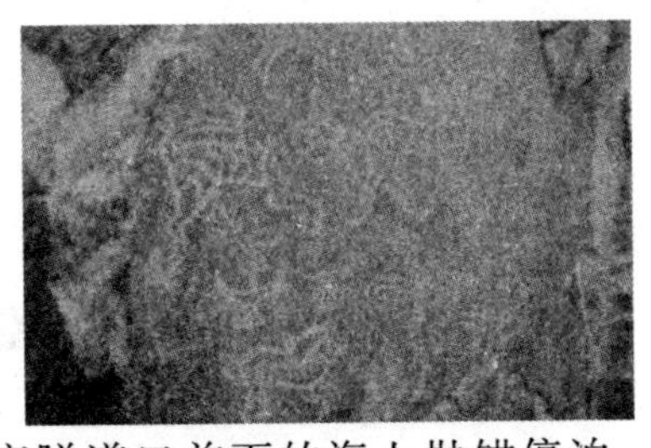

电的光束，他看到了洞穴的石壁上有手的印迹。这引发了他极大的好奇心，科斯克决心一探究竟，于是他特别邀请了卡西斯潜水俱乐部的6个伙伴，组成了以科斯克为队长的水下探穴队。

1990年7月29日，7名水下探穴队员乘坐“克鲁马农”号渔船，在海底隧道口前面的海上抛锚停泊。他们穿戴好潜水装备，下潜到36米深的海底，找到了那个隧道口。虽然水下隧道狭窄蜿蜒，海水昏暗难辨方向，还有海流夹带泥沙的阵阵冲击，但他们坚强地克服了这些困难，潜游约20分钟，终于顺利地通过了长约200米的水下隧道。当他们浮出海面时，呈现在眼前的景象令所有人惊奇不已。在这一直径约50米的洞穴里，首先映入人们眼帘的就是千姿百态的钟乳石，在灯光的照耀下，石壁上的三只手印清晰可见，各类动物壁画栩栩如生，这里所有的神秘奇观仿佛将人们带进了一个神秘的殿堂。7名探穴队员惊喜万分，它们立即将这些神奇的景观拍摄下来。在为这些艺术品赞叹的同时，他们也同时产生了一个疑问，这些海底洞穴壁画究竟是何人所画呢？是史前艺术家的作品，还是后人有意制造的恶作剧？鉴于这一系列难解的疑问，探穴队员们在真假未定的情况下并没有对外公开他们的发现，而是将这一秘密暂时保守下来。

秘密曝光

发生在1991年9月1日的三名业余水下探险者在苏尔密乌海湾的失踪事件使得这一神秘的洞穴被世人知晓。亨利·科斯克参加了此次寻觅失踪者的行动。他迅速潜入这个神秘的洞穴，在石壁下的隧道里找到了三位失踪者的尸体。这三名业余潜水者是由于缺乏潜水经验，因氧气耗尽窒息而死。这样一来，海底隧道就被世人知晓了，于是科斯克便将海底洞穴壁画的秘密公之于世。可这些壁画究竟是何人创作的呢？

龙卷风谜案探底

龙卷风因其与古代神话里从波涛中蹿出的东海蛟龙很相像而得名，它还有不少的别名，如“龙吸水”“龙摆尾”“倒挂龙”等等。

龙卷风的威力

龙卷风是自积云层底部下垂的漏斗状云和其伴随的非常强烈的旋风。文献上记载的银币雨、青蛙雨、黄豆雨、铁雨、虾雨、还有血淋淋的牛头从天而降等现象，都是龙卷风把地面或水中的物体吸上天空，带到远处，而随雨水降落造成的。因为龙卷风有很强的吸力，龙卷风中心气压极低，中心附近气压梯度极大，所以产生强大的吮吸作用。当漏斗伸到陆地表面，就会把大量沙尘等物质吸到空中，从而形成尘柱，这被称为陆龙卷；当漏斗伸到海面，就会吸起高大的水柱，就叫水龙卷或海龙卷。龙卷的袭击突然而猛烈，产生的风是地面上最强的。

龙卷风的形成探索

虽然人们已经知道龙卷风是在热力不稳定的大气中形成的，但对它形成的原因，至今仍没有确切的解释。有的学者提出了内引力——热过程的龙卷风成因新理论。但是用它却没有办法说明冬季和夜间没有强对流或雷电云时发生的龙卷风。龙卷风的威力很大，甚至能席卷一切，但有时在它中心范围内的东西却毫发无伤；有时它能够将一匹骏马吹到数千米以外，也有时它只吹断一棵树干；有时它会把一只鸡一侧的鸡毛全部拔掉，另一侧却完好无缺。龙卷风造成的这些奇怪现象到现在仍是未解之谜。

龙卷风的风速究竟有多大？这个问题的答案向来无人知晓，因为龙卷风从发生至消散的时间非常短，只有几分钟，最多几个小时。作用面积也很小，一般直径只有 25 米~100 米，直径达到 1 000 米以上的情况是很少见的，所以现有的探测仪器没有足够的灵敏度来对龙卷风进行准确的观测。相对来说，多普勒雷达则是一种比较有效和常用的观测仪器。多普勒雷达会针对龙卷风发出微波束，微波信号被龙卷风中的碎屑和雨点反射后重被雷达接收。如果龙卷风并未进入雷达区，反射回的微波信号频率将向低频方向移动；相反，如果龙卷风不停靠近雷达，那么反射回的信号将向高频方向移动。这种现象被称为多普勒频移。接收到信号后，雷达操作人员就可以通过分析频移数据，计算出龙卷风的速度和移动方向。为了制伏龙卷风、预测龙卷风，人们正努力探索龙卷风的形成之谜，希望能尽快解开这个自然之谜。

“焚风”

有一种叫“焚风”的龙卷风可以把东西点燃，在干燥季节能使树叶、杂草等着火，从而引起火灾；冬季，这种龙卷风能够使积雪在很短的时间里融化，造成雪崩。焚风最早是指气流经过阿尔卑斯山后在奥地利和瑞士山谷形成的一种热而干燥的风。其实在世界其他地区也有焚风，如北美的落基山、中亚细亚山地、高加索山、中国新疆吐鲁番盆地。这种风主要是由于气流受到山脉阻挡沿着山坡上升形成的。实际上，空气流动遇山受阻时会出现爬坡或绕流。气流在迎风坡上升时，温度会随之降低。空气上升到一定高度，水汽遇冷出现凝结，就会产生雨雪。空气到达山脊附近后变得干燥，然后在背风坡一侧顺坡下降，并开始迅速升温。因此，空气沿着高山峻岭沉降到山麓的时候，气温就会大幅度升高，也就形成了焚风。

焚风经常造成农作物和林木干枯，也易引起森林火灾，遇特定地形还会引起风灾，造成极大的人员伤亡和经济损失。阿尔卑斯山脉在刮焚风的日子里，白天温度会突然升高 20℃ 以上，初春的天气还会变得像盛夏一样，不仅热，而且非常干燥，极易发生火灾。2002 年 11 月 14 日夜间，时速高达 160 千米/时的焚风风暴袭击了奥地利西部和南部部分地区，数百栋民房屋顶被风刮跑，3 平方千米的森林遭到了严重破坏。风暴还会造成电力供应和电话通信中断，公路、铁路交通受阻。

动物冬眠之谜

冬眠是指一些不耐寒的动物度过不利季节的一种习性。某些动物在冬季时生命活动处于极度降低的状态，冬眠是这些动物抵御寒冷、维持生命的特有本领。冬眠时，它们可以几个月不吃不喝也不会饿死，这可真是神奇的现象。

冬眠现象

科学家们经过对动物冬眠现象的长期研究发现，动物皮层下有白色脂肪层，可以防止体内热量散发。在冬眠动物的肩胛骨和胸骨周围还分布有褐色脂肪，这部分脂肪如同电热毯一般，它所产生热量的速度比白脂肪快 20 倍，而且环境温度越低，热量产生越快。当气温下降时，冬眠动物的感觉细胞向大脑发出信息，刺激褐色脂肪里的交感神经，使动物的体温刚好保持在免于冻死的水平。动物皮下脂肪，一方面可以保持体温，更重要的是供给冬眠时体内的消耗。一般动物在冬眠前的体重，都比平时增加 1 倍~2 倍，冬眠之后，体重就会逐渐减轻。如冬眠 163 天的土拨鼠体重减轻原来体重的 35%；冬眠 162 天的蝙蝠体重可以减少原来体重的 33.5%。

推测与证实

科学家推测，冬眠动物的体内有一种能诱发自然冬眠的物质。黑熊在进入冬眠期约一个月之前，每 24 小时就有 20 小时在吃东西，每天摄取的热量从7 000 卡增加到 2 万卡，体重增加也超过 45 千克。这些可能都是受动物准备冬眠的一种或几种激素所控制的。为证实以上推测，科学家曾对黄鼠进行实验。他们把冬眠黄鼠的血液注射到活动的黄鼠的静脉中去，然后把活动的黄鼠放进 7℃ 的冷房间。几天之后，它们就进入了冬眠。这些试验表明了诱发冬眠的物质存在的可能性。

除了进行上述实验外，人们又从冬眠动物的血液中分离出血清和血细胞，并分别注射到两组黄鼠体内，过了一段时间后它们也都冬眠了。再把血清过滤后得到的过滤物质和残留物质，分别给黄鼠注射，之后发现仅有过滤物质才能引起冬眠。由此人们得知，诱发冬眠的物质是血清中极少量的物质。

科学家通过以上实验得出初步结论：形成冬眠不仅仅取决于诱发物质，还取决于诱发物质和抗诱发物质之间的互相作用。动物全年都在制造诱发物质，而抗诱发物质仅在春季的一段时间内才产生。秋冬季节，诱发物质增多，会促进动物冬眠；春季到来时，抗诱发物质增多，抑制了诱发物质，动物便从冬眠中苏醒过来。

虽然动物冬眠的研究已取得了一定的进展，但还有很多有待研究的问题需要人们探索。

动物识路之谜

一些动物学家曾认为迁徙类动物靠山脉、河流、海岸或其他一些可见的路标识别路线，但是，在广阔的海域上空，在阴天或漆黑的夜晚，上述手段显然是行不通的，不过它们却并未因此而迷路，这是什么原因呢？

识途动物

在阴天或漆黑的夜晚飞行员利用雷达定位飞行，那么在没有星星的夜晚那些夜间迁徙的动物为何也不会迷路呢？研究发现，诸如海龟、鲸、某些鸟类、某些鱼类和鼹鼠等可利用地球磁场进行导航。生物学家发现海龟是通过感应地球磁场进行导航的典型动物，如生活在南美洲的绿海龟，它们每年 6 月中旬都会成群结队地从巴西沿海出发，历时两个多月，行程 2 000 多千米，到达大西洋上的阿森松岛，在那里生儿育女以后再返回老家。两个月后小龟破壳而出，同样像它们的父母一样游回遥远的巴西沿海。这种神奇的导航能力不得不让人佩服。

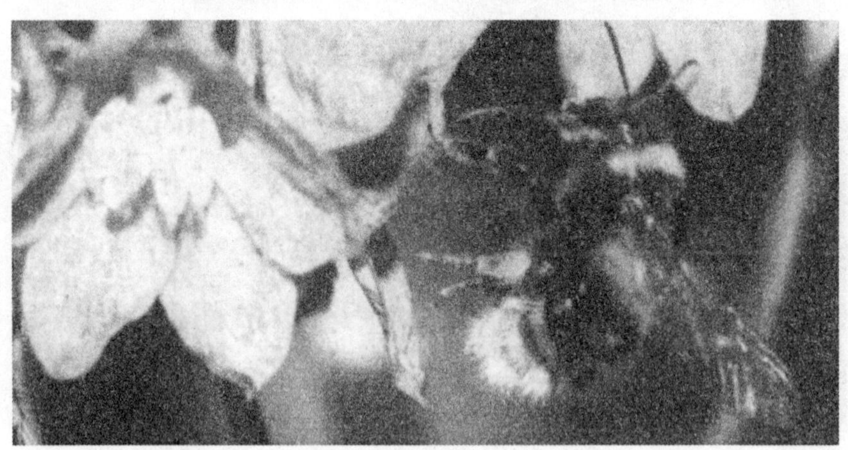

识途原因

鸟类的导航本领似乎更高。身长仅 4 厘米的北极燕鸥，每年在美国的新英格兰筑巢产卵育雏，到 8 月份便“携儿带女”飞往南方，12 月份到达南极洲，到第二年春天，又回到新英格兰，每年飞行距离达3. 5万千米。那么，鸟类是依靠什么来进行导航的呢？科学家研究发现，夜间迁徙的鸟类，会利用落日的余晖在起飞时定向西的方向，在夜晚则通过辨别夜空中的星星导航。

著名的诺贝尔奖获得者、奥地利生物学家弗里希，曾在 20 世纪 40 年代，用一系列实验测出了蜜蜂的基本导航能力，证明了蜜蜂通常是利用太阳作为罗盘进行导航的，蜜蜂以太阳作为参考点，通过“舞蹈”告诉其他蜜蜂如何到达它发现的花源地。所以，它们无论飞多远都能找回自己的家。

动物学家通过对信鸽的实验，进一步证明了动物的远航是以太阳为罗盘进行导航的。科学家曾做过一个实验：将一群鸽子关在离家以西 160 千米的屋里，中午时打开电灯模拟黎明，然后放出鸽子，它们以为这是黎明，太阳在东方，但此时却正好在南方，鸽子看到太阳后就根据太阳来导航而飞向南方。

最近，瑞典科学家首次发现：以粪便为食的蜣螂在有月光的夜晚将粪球沿直线路径运回目的地而不迷路，这表明蜣螂是利用月光来进行导航和定位的。科学家认为：蜣螂移动采用这种直线路径是一种安全、高效的方式，它沿最短的路径回家就能减少其他捕食者抢夺的机会。当月光透过大气层时，因受到大气层中微粒的散射使得照射到地表的月光产生了偏振。蜣螂就是根据月光产生的偏振导航的。

后续问题

虽然现在科学家已经对动物导航的原因有了进一步的了解，但是还有一个问题令科学家困惑不已，那就是太阳、星星的位置及月光都不是固定的，即使是地磁场的强度也会有变化。那么动物是如何根据变化而调整自己的导航行为的呢？这一谜题还有待科学家们做更深层的研究。

恐龙绝迹之谜

恐龙曾存在于爬行动物时代，曾称霸地球1.6亿年之久，却在6 500万年前很短的一段时间内突然灭绝了，关于恐龙灭绝的真正原因，自古以来众说纷纭，没有定论，因此到目前为止这仍旧是一个未解的谜题。

科学家们研究恐龙的时间还不到200年，而且主要是通过远古时期留下来的恐龙化石来探究恐龙的生活和灭绝原因，这就形成了恐龙灭绝之谜的种种猜想。

众说纷纭

主要的猜想理论一是陨星撞击说。目前关于恐龙灭绝的猜想有一百多种。其中最引人注目的猜想是陨星撞击说。这种猜想认为恐龙的灭绝和6 500万年前的一颗大陨星有关。1980年，美国科学家在6 500万年前的地层中发现了高浓度的铱，其含量超过正常含量几十甚至数百倍。这样浓度的铱在陨石中可以找到，因此，科学家们就把它与恐龙灭绝联系起来了。科学家研究，当时曾有一颗直径为7千米~10千米的小行星坠落在地球表面，引起一场大爆炸，把大量的尘埃抛进大气层，形成遮天蔽日的尘雾，导致植物的光合作用暂时停止，恐龙因此而灭绝了。

小行星撞击理论，很快获得了许多科学家的支持。1991年，在墨西哥的尤卡坦半岛发现一个产生于久远年代的陨星撞击坑，这个事实进一步证实了这种观点。直到今天，这种观点一直被大多数人所接受。此外，人们还发现，生物的灭绝现象和外星的撞击存在一个6 500万

年的周期，但这一观点尚不确定。

不过也有许多人对小行星撞击论持怀疑态度，因为事实是：蛙类、鳄鱼，以及其他许多对气温很敏感的动物都顶住了白垩纪而生存下来了。为什么只有恐龙灭绝了呢？这种理论对此无法解释。

除了“陨星撞击说”以外，关于恐龙灭绝之谜的主要猜想还有气候变迁说。科学家推测，6 500 万年前，地球气候骤然变化，气温大幅下降，造成大气含氧量下降，令恐龙无法生存。也有人认为，恐龙是冷血动物，身上没有毛或保暖器官，无法适应地球气温的下降，因此在极度严寒中被冻死了。

物种斗争说也是诸多猜想中比较有影响力的说法。恐龙年代末期，最初的小型哺乳类动物出现了，这些动物属啮齿类食肉动物，可能以恐龙蛋为食。由于这种小型动物缺乏天敌，越来越多，最终吃光了恐龙蛋。

关于恐龙灭绝之谜的猜想还有很多，比如“被子植物中毒说”“酸雨说”“火山爆发说”等等。不过每一种猜想都存在不完善的地方。例如，“气候变迁说”并未阐明气候变化的原因；“大陆漂移说”本身仍是一种假说，还有“被子植物中毒说”和“酸雨说”同样缺乏足够的证据。所以恐龙灭绝的真正原因至今仍是个谜，相信在不久的将来，这个谜一定会被解开。

中新世陆龟之谜

龟一般都是水陆两栖的，即在水中和陆地上都能来去自如。可是却有这样一种龟，它一旦误入水池之中，就会被淹死……

四爪陆龟

在新疆伊犁河北岸霍城县境内的山野中，就生活着这种怕水的龟。这种龟大小不一，数目繁多，个头大一些的如同盘子般大小，小的就如同成年人的大拇指大小。这种龟与江河中的乌龟大不相同。它们的脚上没有蹼，只有四爪。所以当地人又叫它“塔斯帕卡”，动物学上称之为“四爪陆龟”。

独特之处

“四爪陆龟”格外怕水，一旦误入沼泽或水池，就只有死路一条。但是它却是一个攀登的能手，即使是在垂直陡峭的悬崖上，它也能非常敏捷地攀登上去。“四爪陆龟”很爱睡觉，一年最少要长眠累计达10个月的时间，它们既冬眠又夏眠。每年春季，小草萌芽，它便从冬眠中苏醒，爬出洞外觅食，交配。到夏季气温升高时，它就进洞夏眠了。龟卵产在洞里，雌龟一次产卵2枚~10枚，埋在土中依靠大地的温度孵化。这里蛇很多，可陆龟却常常与蛇幽居一洞。

四爪陆龟是中新世遗留生物，属于国家一级保护动物。对于它为何只能存活在山野之中，至今生物学家们也没能找到一个合理的答案。

地理未解之谜

诡异的马特利之火、神奇的海底喷泉、难解的北纬 30°线和那令人向往的绿色桃花源……一个个充满神秘气息的地理之谜吸引着人们关注的目光。

奇异的洞穴

在大西洋的一个无名岛上有一个洞口直径长约300米的洞穴。过去20年来，在深不见底的洞中，人们发现了很多16世纪的古董，包括钱币、宝石和盔甲等珍贵的物品。

藏宝奇穴

一些寻宝的人在洞中发现了一块石板，上面刻着“深渊之底埋有宝藏”的字样，他们怀疑洞中宝藏属于一个16世纪的英国海盗。

就像埃及金字塔的咒语那样，闯入这个藏宝洞的探险家的安全问题令人担忧。这是不是一个陷阱？进入洞穴的人，会不会无缘无故地死去？那块石板上，竟然会刻着深渊中有宝藏的字样，就更加令人怀疑这是否是一个虚假的骗局。世上怎么会有人将珍宝埋在洞中，再在石板上写有宝藏这样奇怪的话，吸引寻宝者去偷呢？谁敢保证洞中藏的就真是金银珠宝，说不定还可能是一种外星生物呢！

变形洞穴

后来，人们又发现另一个奇异的洞穴，它便是中美洲尼加拉瓜圭纳一个小镇的变形洞穴，这个直径3米多的奇穴早午晚都会自动变形！上午是椭圆形，下午变成不规则长方形，深夜再变成正方形，凌晨又回复椭圆形原状。据当地居民说，这处奇穴从古至今都在不断变形。

对于这种不可思议的现象，科学家认为可以从地质学的角度去解释，但愿科学家能够在不久的将来给我们一个满意的答案。

平顶海山

在太平洋的中部与西部，也就是夏威夷群岛、加罗林群岛、马绍尔群岛和斐济群岛一带的深海底部，有一片奇异的海山，它们的顶部像被截掉一般，都是平坦的，因此被称为“平顶海山”。

海底平顶山

这种海山除太平洋外，大西洋和印度洋中也有，或是孤耸于海底，或是成群出现。平坦的顶部呈圆形或椭圆形，一般直径为几百米到二三十千米不等，顶部离海面最浅为400米，最深可达2 000米，平均水深1 300米，山的顶部如此平坦，究竟是为什么？

一些科学家从平顶海山的顶部发现了圆形的玄武岩块，它们是火山岩的原有形状。因此，有人认为，这些平顶海山可能曾经是海底火山，顶部是火山口，但被火山灰等物质填平了，所以是平顶的形状。还有的学者认为，太平洋的平顶海山处在一片原来隆起的地壳上，致使海山顶部接近海面，被风浪削平。然后，整个地壳下沉，形成现在平顶海山的面貌。但是不是存在这个隆起的地壳，却无法证实。

死亡之地

世界上有一些人迹罕至的地方，潜伏着许多令人闻之色变、不寒而栗的死亡地带。

难以想象的死亡地带

譬如中国云南腾冲县的迪石乡，有一个叫“扯雀泉”的土塘子。它面积不大，泉水充盈，表面看来一片平静，但不知何故，泉水却含有剧毒，经常毒死一些不明真相的飞禽走兽，飞鸟一旦飞临泉塘上空，就会突然掉在地上死掉；走兽误饮了泉水，便会一命呜呼。有人前去观奇猎异，但是好久不见鸟儿飞过，便向农家买来鸭子做试验。只见鸭子哀叫几声，挣扎着漂浮了二三分钟，就不再动弹了。

无独有偶，在印度尼西亚爪哇岛上也有一个夺人性命的死亡之洞。它位于一个山谷中，共由6个庞大的山洞组成。据说不论是人还是动物，只要站在距洞口6米~7米远的范围内，就会被一股无形的力量吸进去，一旦被吸住，就是使出浑身解数也无法脱身，如今那个洞口附近已堆满了动物和人的尸骨残骸。死亡之洞为何有生擒人兽的绝招呢？被它吸住的人和动物是慢慢饿死的，还是中毒而死呢？至今无人知晓其中的原因。

神秘的山谷

类似的事情在其他地方也发生过。澳大利亚昆士兰北部库克敦以南数千米的公路旁，有一座神秘的山。山峰呈黑色，几乎没有土壤，很少有植物生存，因此被人称为“黑山”。

这座山不仅颜色有不祥之兆，而且传说山上地道、洞穴比比皆是。在这里经常有大批的蝙蝠出没，还有长达5米多、比人的腿还粗的巨蟒。当地土著居民都对这座山怀有无比的恐惧感，无人敢轻易涉足和攀

登。1977 年，曾有一个农场主为寻找迷路的牛和马来到山下。他不听人们的劝告，强行闯入山中，结果一去不复返。后来又有一个警察追赶逃犯，两人双双进入山中，也都失去了踪迹。

美国加州和内华达州毗邻地带，也有一个死亡谷。死亡谷全长 225 千米，宽 6.26 千米，面积 1 408 平方千米，两侧是悬崖峭壁，险象环生。1849 年，一支由 48 人组成的寻找金矿的勘探队来到这里，最后几乎无一生还。但令人难以理解的是，这个被死神统治的地方，竟是飞禽走兽的“极乐世界”。据初步统计，这里繁衍着 230 多种鸟类、19 种蛇类、17 种蜥蜴、1 500 多头野驴，还有各种各样、多如牛毛的昆虫。

至今，对于这些奇怪的现象人们仍然无法解释其中的原因。

火山口上的冰川

在冰岛的巨大冰原瓦特那冰川上，冰块的体积几乎相当于整个欧洲其他冰川的总和，面积差不多是威尔士或美国新泽西州的一半，其平滑的冠部更是伸展出了许多条巨大的冰舌。

但这片冰封的荒地，正随着时缓时急的火山脉搏不断扩展、收缩和搏动着。

冰岛风光

冰岛的面积与爱尔兰岛差不多，但人口却还不如爱尔兰的一个中型市镇。冰岛居民主要散居在狭长的海岸线附近。从地质学的角度来说，冰岛是新近形成的，并且这个过程仍在继续。它屹立在 6 400 千米厚的玄武岩上。在过去 2 000 万年里，大陆漂移使欧洲及北美洲慢慢背向移动，使大西洋海岭上一度深刻着巨大的裂缝，玄武岩就是从这个“裂点”涌出来的。

当年维京人刚到冰岛时（学术认定是在公元 874 年），土地适宜农作物的种植。可从 500 年后的 14 世纪开始，冰岛气候大变，冰川侵入，海上的冰块激增。虽然 19 世纪后期气候有所好转，但有 1/10 的土地仍被冰川所覆盖，农作物种植受到限制。

冰川每年以大约 800 米的速度流入较温暖的山谷中；当它在崎岖的岩床上滚动时裂开形成冰隙。冰块到达山谷时逐渐融化消失，留下冰川从山上刮削下来的岩石和沙砾。

冰岛有一句谚语：“冰川带走了什么，就归还什么。”1927 年，一位邮差在横渡布雷达梅尔克冰川上的一座雪桥时，同 4 匹马一起坠入了深深的冰隙里。7 个月后，人和动物的尸体露出了冰面，这是怎么回事呢？原来是冰川上冰块的环型活动把上层的冰块卷到下面，又把下层翻卷上来。就这样，尸体被卷回了顶层。

海底喷泉

茫茫大海中，海水并不都是咸的，在一些小面积的海域里还有一些清甜爽口的淡水，这应该归功于海底喷泉。喷泉是地下水涌出地面而形成的。一般情况下，喷泉只分布在陆地上，但奇怪的是，有些地方的海边、海底也有泉眼，泉水可以从海底喷出来。

咸水中的淡水

俄罗斯的一艘考察船在黑海的海面上发现了一个奇特的喷泉，它被命名为“甘吉亚蒂海泉”。它每秒喷出大约300升的淡水，由于水压高，所以能够直接穿破海面。远远看去，泉水在蓝色的海面上翻滚，就像烧开的水一样。考察队员用芦苇插进泛着白色泡沫的水里吮吸，发现泉水凉爽清甜。

在美国佛罗里达半岛以东，离海岸不远的大西洋里，也有一片海水是可以饮用的，过往的船只常常来这里补充淡水。这片海水直径有30米，颜色、温度、波浪都与周围的海水状况不同。这是为什么呢？最近，谜底终于被揭开了。原来，这里的海底是个小盆地，盆地中间有个喷泉，每日不停地喷出淡水。在水流的影响下，淡水从泉眼斜着升到海面上。根据测量，这个海底喷泉每秒喷出的泉水有4立方米，比陆地上任何一个喷泉的喷水量都要大。因泉水不断喷涌，把周围的海水隔绝开来，久而久之，这片海水就变成了一个纯粹的淡水水域。

陨石坑之谜

美国亚利桑那州弗拉格斯塔夫市附近的巴宁格陨石坑（又称流星陨石坑）是由一颗小行星撞击地球后形成的。这个被撞出来的陨石坑直径1 200米，深200米，猛烈的撞击使坑周边隆起，高出周围沙漠达40多米。

陨石坑之谜

这个陨石坑是由约5万年前的一颗铁质流星撞击形成的。根据石坑的大小推算，这颗流星可能重达90万吨，直径100米。在遇到地球大气层阻力时，大多数流星会燃烧或粉碎。科学家们认为，这颗如此巨大的流星，以如此之快的运行速度撞击地面发生爆炸，其能量相当于1945年8月毁掉日本广岛的原子弹的40倍。

千百年来，风沙掩盖了陨石坑真实的面目，相信随着人们不断地探索，陨石坑的神秘面纱终会被人们揭开。当1871年人们发现这片洼地时，都以为它是塌陷的火山口。1890年，有人在此地岩屑中发现了碎铁。于是，一些科学家开始怀疑那可能是外太空物体撞击地球所留下的痕迹，而不是什么火山口。

但最初人们不理解为什么在巴宁格陨石坑看不到陨石本身。这个大陨石给人们留下了一个大坑和几块陨石铁片后，为什么消失得无影无踪了？有人估计陨石就落在坑下几百米的地方，可是谁也没能把它挖出来加以证实。后来科学家们推测，这块巨石在落地时已被击成碎片了。费城一位采矿工程师巴宁格博士，对于坑内埋有富含铁质的巨大陨石深信不疑，于是他把那块土地买了下来，并于1906年着手钻探。经过勘察，他发现坑口东南面的岩层比其他方位的岩层高出30米，由此他断定，陨石从北面掉落，以低角度撞击地面，留在坑口的东南部地下。于是，钻探工作如期展开。但1929年，钻探工作由于某种原因被迫停止了。

在20世纪60年代，人们在坑里发现了柯石英和超石英。这两种物质是在极大的压力和极高的温度下才能被制造出来的。在坑内能够找到这两种物质，足以证明坑口是由巨大撞击力造成的。现在人们以巴宁格的名字来命名这个陨石坑，以纪念巴宁格博士。

石头摄影师

神奇的大自然总是能创造出奇迹。1964 年夏天，意大利电影剧作家特奈利在一个山洞中发现了一块与众不同的怪石，上面有人工雕刻的图案，石头表面被打磨得光亮圆滑。

奇特的石头

在一个风雨交加的夜晚，这块石头的影子在闪电的映照下，投在剧作家住处的墙上，仿佛是一个栩栩如生的远古时代的人像，他的表情惊恐万分，似乎正面对一只凶残的野兽。

后来，在世界各地特奈利又找到了很多这样的石头。如一块美国石头的投影，是一个戴头盔的人用刀插进一只野兽的肚子；另一块德国石头投影，却能显现出两人拥抱时的情景。

特奈利对它们进行了仔细研究，头脑中形成很多疑问，如：这些石头是远古时代洞居人的遗物吗？远古人是怎样把图案雕刻在石头上的？这些图案又代表了什么？而且这些石头为什么能映出图像呢？到目前为止，还没有人能够准确地回答出这些问题。

失落的大洲

有关失落的大洲亚特兰蒂斯的传说流传已久。相传那里是一个富裕的地方，有着高度的文明，但最终因激怒海神而被淹没了。千百年来，它是否存在，存在于何时何地，始终是一个未解之谜。

古老的传说

2 000 多年来，有关亚特兰蒂斯的传说一直吸引着西方世界。希腊哲学家柏拉图曾记述了这块大洲的兴衰，后人耗费了巨大的人力物力进行调查研究，但目前为止尚未有足够的证据证明其的确存在过。柏拉图在公元前 4 世纪所著的《对话录》中提道："昔日有个比利比亚和小亚细亚加起来还要大的海岛，岛民是海神波塞冬与凡人克莉奥的后代。亚特兰蒂斯位于海克力斯之柱（即今天的直布罗陀海峡）之外，控制着整个地中海，势力比埃及和土耳其还要强大。当地自然资源丰富，粮食充裕；高山阻挡了凛冽的北风，草原上有各种动物，包括大象和骏马。这个岛国由十个君王分别管理所在的十个区域，岛民'轻视物质而尊崇道德……不奢求黄金财富'。他们精于骑术和航海。"

但后来亚特兰蒂斯人有了野心，对所得的恩赐感到不满足，企图向全世界扩张势力。但是，尚武的雅典人在迎战亚特兰蒂斯的战斗中取得了胜利。海神波塞冬大怒，在公元前 9 500年左右，使亚特兰蒂斯沉没于海洋中，岛上一切全部毁于波涛之中。

不同的观点

柏拉图确信这是事实，而柏拉图的学生亚里士多德却并不这样认为。

首先，已知的最早文明是大约公元前 3 500 年在今天伊拉克地区出现并发展的，而在公元前 7 000 年前，根本就没有人类聚居的证据。更不要说雅典城邦与亚特兰蒂斯会发生战争了，而且欧洲在青铜器时代(约公元前 3 000 年）以前，并没有马匹，但柏拉图经常提到亚特兰蒂斯有马匹。

1992 年，德国地质考古学家赞格博士认为，土耳其的特洛伊与柏拉图描述的亚特兰蒂斯最为吻合，它位于一片靠近海峡的平原北面，受强劲北风吹袭，附近还有温泉。而且他认为“海克力斯之柱”这个名字只在公元前 500 年左右称呼直布罗陀海峡，之前只用于称呼通往黑海的达达尼尔海峡。还有，就是在公元前约 1 200 年，确有特洛伊部分地区曾被洪水淹没过。

那么，亚特兰蒂斯究竟是否真的存在过？它真的沉没在海底了吗？假设它果真存在，那岛上的人们没有逃出来的吗？逃出来的人们又去了哪里……希望在未来的研究中，人们能揭开这层神秘的面纱。

莫赫陡崖

爱尔兰大部分地区均呈现出温柔的“神态”——绿油油的田野、小山、浅水湖和溪流点缀着这片美丽的土地。莫赫陡崖的地貌在爱尔兰是最险峻的，与岛的温柔色彩极不“协调”。黑乎乎的峭壁成锯齿状，像六角形手风琴似的陡峭岩石在大西洋中若隐若现，沿着克莱尔郡海岸延伸了大约8千米。

陡崖观海

莫赫陡崖并不优美，四周并无美景映衬。它从海角耸立，高达200米。虽然大西洋的狂风巨浪不停地猛击它的基底，但它似乎经受得住这种冲击，一直屹立不倒。海浪一浪接一浪，撞碎在峭壁上，激起狂乱的浪花。除了海面平静的日子，只要人畜冒险走近悬崖绝壁，就会被西风搅起的水雾弄湿。

站在峭壁顶上，人们会有阴森的感觉。崖下犹如被搅动的大锅，海浪拍岸的咆哮声被如泣如诉的风声盖过，崖上鲜能听闻。酷爱尖叫的海

鸥在峭壁前盘旋翱翔，现在似乎也变得哑然无声了。只有当它们乘着突然刮起的阵风向上高飞时，才能听到它们尖锐刺耳的鸣叫声。

在狂风暴雨之日，不列颠群岛显得荒凉无比。在崖底边缘，一层厚厚的咖啡色飞沫把浪花抛向高空；雨云压顶，显得乌黑；暗灰色的海面上白浪层叠，弥漫着一片银灰色的景致。

正在崩溃的陡崖

现在，这一带峭壁正慢慢地一点点崩溃。偶尔峭壁上会有一段岩壁坠落海里。这是由于雨水浸透并松动了峭壁顶部的土壤，以及海风里的盐分腐蚀了壁面造成的。悬崖的灰岩基底（是无数细小海洋生物的骨骼）是在3亿年前堆叠起来的。数百年来，越来越多颜色各异的砂岩和页岩沉积在海里。多次的地壳运动把沉积物逐渐推上了表层。

陡崖的神秘之处

都柏林本土作家普伦基特在《她佩戴的宝石》中写道：“薄雾朦胧中，悬崖就像发狂的神在做噩梦；而每当天气晴朗，尤其在日落时，那一带峭壁就进入了神话和地狱的境界。”在某个时期，古爱尔兰的众英雄必定会在崖顶昂首阔步。例如“莫赫”这个名字是指莫泰尔的古代海岬堡垒。这个堡垒是住在女巫角的古人建造的，其废墟在拿破仑战役中不幸被拆毁，取而代之的是一个信号塔。

据说靠近悬崖正面的一部分岩石很像一个女人坐着看海。当地人说她便是变成了石头的老妖梅尔。梅尔曾沿着庐普角向海岸迈进，以追求阿尔斯特的英雄卡查莱恩。传说她就在那里踱步失足掉进海里淹死了。梅尔的幽魂便在此处久久地徘徊着，时而呜咽，时而低泣……

巨人岛之谜

在一望无际的加勒比海上，有一个奇特的小岛，叫作马提尼克岛。从1948年开始10年左右的时间里，岛上出现了一种令人百思不得其解的奇异现象：岛上生活的成年男女个头都较高，成年男子平均身高达1.90米，成年女子平均身高也超过了1.74米。

长高之谜

在岛上，如果青年男子身高不到1.80米，就会被同伴们说成是“矮子”。更为奇特的是：不仅岛上的土著居民，就算是外来的成年人在岛上居住一段时期后也会很快长高。64岁的法国科学家格莱华博士和他57岁的助手理连博士，在那里只生活了两年，就分别增高了8.25厘米和6.6厘米；40岁的巴西动物学家费利只在那里进行了3个月的考察，离开该岛时已经长高了4厘米；英国旅行家帕克夫人年近60岁，在该岛旅行1个月后也长高了3厘米。因为生活在该岛上的成年人甚至老年人的身材都很高大，因此这个岛被称为“巨人岛”。不仅是人，岛上的动物、植物和昆虫的体型增长也非常迅速。岛上的蚂蚁、苍蝇、甲虫、蜥蜴和蛇等，在这10年间，都比一般同类的尺寸增长了约8倍，特别是该岛的老鼠，居然长得像猫一样大。究竟是什么力量让巨人岛上

的生物不断长高呢？

解读巨人岛

为了解开巨人岛之谜，许多科学家不远万里，来到该岛进行长期探测和考察，提出了多种假说和猜测。一些人认为，在 1948 年，可能有某种飞碟或是其他天外来客坠落在该岛的比利山区，而使该岛生物迅速增长的一种性质不明的辐射光，很可能就是来自埋藏在比利山区地下的飞碟或其他天外来物的残骸。但许多科学家对这种说法持怀疑和否定态度，因为究竟世界上有没有飞碟或其他外星来客，到目前为止仍然是一个无法回答的谜。还有一些科学家认为，该岛蕴藏着某种放射性矿藏——正是这种放射性物质使生物机能发生了奇特变化，因而“催高”了动物身体。

巨人岛究竟隐藏着怎样的奥秘？至今仍有待于科学家们做进一步探索。

南极不冻湖

南极是一片人迹罕至的冰雪“荒漠”，素有“白色大陆”的称号。在南极。放眼望去，只见一片皑皑白雪。这片1 400万平方千米的土地，几乎全部被几百甚至几千米厚的坚冰所覆盖，-60℃～-50℃的低温，使这里的一切几乎都失去了活力，丧失了原有的功能。在这里，石油凝固成黑色的固体；在这里，煤油因为达不到燃点而变成了非燃物。然而，有趣的自然界却向人们奇妙地展示出它那魔术般的本领：在这寒冷的世界里竟然神奇地存在着一个不冻湖。湖水不冻结的原因是什么呢？

不冻湖现象

科学家们发现的这个不冻湖，面积大约2 500平方千米，最深处达到66米，湖底水温高达25℃，盐类含量是海水的6倍还多，湖水遭到了很严重的污染，并有间歇泉涌出水面。科学家们在这个湖的周围进行了考察，发现在它附近并没有类似于火山活动的地质现象。为此，科学家们对存在于这块酷寒地带的不冻湖也感到莫名其妙。1960年，日本学者分析测量资料后发现，该湖表面薄冰层下的水温大约为0℃。随着深度的增加，水温也在不断增高。到16米深的地方，水温升到7.7℃。这个温度一直稳定地保持到40米深处。40米以下，水温缓慢升高。至50米深处水温升高的幅度突然加大。至66米深的湖底，水温居然高达25℃，与夏季东海表面水温相差

不多。这个奇怪的现象一经揭示，便引起科学家们极大的兴趣，他们对此进行了仔细的考察，提出了各种各样的看法。

不冻湖存在的原因

有的科学家提出这是气压和温度在特殊条件下交织在一起的结果。持这一观点的人指出：在3 000多米的冰层下，压力可达到278个大气压，在这样强大的压力下，大地释放出的热量增加，而且冰在2℃左右时就会融化。另外，冰层还像个大地毯，阻止了热量的散发，使得大地释放出的热量得以大量积存，这样，南极大陆会有大量的冰得以融化，汇集到低洼处聚成一汪湖水。另外一些科学家则认为：在南极的冰层下，极有可能存在着一个由外星人建造的秘密基地，是他们在活动场散发的热能将这里的冰融化了。还有的科学家坚持：这是个温水湖，很有可能是这水下的大温泉把这里的水温提高并将冰融化。可有些人反驳说：如果这里有温泉水不断流进湖里，为什么湖上冰冠没有一点融化的迹象呢？众说纷纭，莫衷一是。这仍是一个未解之谜。

科尔卡峡谷探秘

在秘鲁境内高不可攀的安第斯山脉高处，有一个十分隐蔽的峡谷，深度是美国科罗拉多大峡谷的2倍，是世界上最深的峡谷。这个峡谷叫作科尔卡峡谷。它是科尔卡河冲刷侵蚀地表形成的深沟，沟壑深不可测。这里与世隔绝，少有人至。若有人不怕艰辛来到此地，可观赏到非常罕见的景色，巍巍高山裂开一道口子，仿佛快刀砍成。裂隙底部是科尔卡河，雨季奔腾澎湃。在河面之上3 200米处，群山环绕，覆盖着积雪的山峰高耸入云。

峡谷风俗

虽然这里的山区并不富裕，千百年来却一直有人居住。居民在较低的山麓种植作物，饲养驼羊，生活很艰苦。在科尔卡峡谷的一个山谷里坐落着一座名叫科拉瓜塔的死火山，当地居民将这座死火山视为圣山。他们头戴模仿这座山的形象制作的尖顶帽，并为孩子缠头，使他们的头变尖。16世纪70年代，西班牙人占领了这里，才禁止了这一民俗。

峡谷地貌

群山的另一边是火山谷，里面有许多锥形火山，顶部为圆形火山口。景象很奇特，令人想起月球表面。火山谷64千米长，谷内共有86座死火山渣堆。有些高达300米，有的四周是田野，有的四周堆满凝固的黑色熔岩。在火山谷中间，有一条布满沙石的酷热沟谷，叫作托罗穆埃尔托沟谷，无数白色巨砾散布谷内。不少石砾上刻有几何图形、太阳、蛇、驼羊以

及戴着头盔的人。这些图案和符号是谁留下的呢？有人猜测巨砾可能是火山隆起时留下的。可是，谁在上面刻下了图案呢？有人认为，1 000多年前，某些游牧部族从山区迁移到海岸，在这里居住，留下了石刻图画。有人甚至推测，戴着头盔的人是外星人。难道在1 000多年前，就曾有人看到过外星人吗？人们不得而知。

峡谷生态

这里土地贫瘠，山坡上只有一些长刺的蒲雅属植物，这些植物约1.2米高，主干很粗，利刃般的叶子向四面八方伸出。叶子边缘有弯钩，以避免被动物吞吃。因为树木太少，小鸟只能冒着被刺伤的危险，在蒲雅叶间筑巢。叶间众多的小鸟尸骸，说明有许多鸟巢曾经成为死亡陷阱。有些生物学家认为，蒲雅有消化鸟尸的化学物质，能把小鸟“吃掉”。

死亡公路

大西洋海域中的百慕大三角区，是众所周知的恐怖地带。因为它异常神秘，多次发生飞机、船舶失踪事件，被人们称为“魔鬼三角区”。其实，像这样的地方在地球上不只一处，也并不是都在海洋中，陆地上也同样有让人恐惧的地方。

中国的死亡公路

距离中国兰（州）新（疆）公路430千米处，有这样一个令过往司机心惊的恐怖地带。汽车行驶到这里，常会被一种神秘的力量影响，莫名其妙地翻车。虽然司机们一到这里便会更加小心，可事故还是接连不断地发生，每年少则十几起，多则几十起。表面看来，这100米路段路面平坦，视野开阔，与其他路段没有什么不同之处。是不是因为这里是弯道，汽车速度过快，产生强大的离心力而失去平衡，从而发生事故呢？答案是否定的。经过对路面的重新研究，专家们一致认为设计没有问题。尽管如此，交通部门还是对这段公路进行了改建，将以前的弯道改直并加宽了路面。可这些努力都白费力气，翻车事故一点也没有减少。有人调查了历次翻车事故，发现每次失控的汽车都向北翻，于是人们推测可能在北边有一个大磁场，是强大的磁力将汽车吸翻的。这种说法存在一定道理，但至今还没有找到充足的科学依据来加以证明。

美国翻车地带

奇怪的是，在美国爱达荷州的州立公路上，距离因支姆麦克蒙14.5千米的地方，也有一个被司机们叫作“爱达荷魔鬼三角地”的恐怖翻车地带。正常行驶的车辆如果进入这一地带就会突然被一股看不见的神秘力量抛向空中，随后又被重重地摔到地面上，造成车毁人亡的不幸事故。

一名叫威鲁特·白克的汽车司机就是经历过这一恐怖抛车事件的幸存者，每当他回忆起那次历险时，就会感到胆战心寒。他说：“那天，天气晴朗，我所驾驶的卡车一切正常，当我行驶到那个奇怪的地方时，汽车突然偏离了公路，‘腾’地翻倒在地。”

据统计，在这个地方，已有17个人失去了生命。人们无法理解的是，这段公路与其他公路相比没有任何不同之处，同样是宽阔平坦的大道，然而它所造成的死亡率却是其他路段死亡率的4倍。面对这个事故多发地带，人们总想了解产生这种现象的原因，科学工作者们也尝试着作出一个合理的解释。他们对这里进行了考察，结果认为：这些现象的产生是由于地下水脉辐射的影响造成的。这里的地下水脉有什么与众不同，为什么它能够产生如此威力巨大的辐射？人们能改变这种影响正常生活的怪现象吗？这些都是科学工作者目前还无法回答的问题。

骷髅海岸

在古老的纳米比亚沙漠和大西洋水域之间，有一片白色的海岸线。在这里，遍地是尸骨和船只的残骸，因此葡萄牙海员把纳米比亚这条绵延的海岸线称为“地狱海岸”，现在又叫作“骷髅海岸”。

1943 年，人们在这个海岸的沙滩上发现了 12 具横卧在一起的无头骸骨，附近还有一具儿童骸骨。不远处有一块石板，虽然经过风雨的侵蚀，仍然能看清上面有一段话：“我正向北走，前往 60 英里外的一条河边。如有人看到这段话，照我说的方向走，神会帮助他的。”这段话写于 1860 年。

1942 年英国货船“邓尼丁星号”载着 21 位乘客和 85 名船员在库内内河以南 40 千米处触礁沉没。所有幸存的乘客包括 3 个婴孩以及 42 名男船员乘坐汽艇登上海岸。这次救援是最困难的一次，几乎用了 4 个星期的时间人们才找到所有遇难者的尸体和为数不多的生还船员。

动物的乐园

在南部，连绵不断的内陆山脉是骷髅海岸河流的发源地。但这些河流往往还未进入大海就已经干涸了。这些干透了的河床就像沙漠中荒凉的车道，一直延伸至被沙丘湮没为止。还有一些河，例如流过黏土峭壁峡谷的霍阿鲁西布干河，当内陆降下倾盆大雨的时候，巧克力色的雨水使得这条河变成了滔滔急流。暴涨的河水这才有机会流入大海。

科学家称这些干涸的河床为“狭长的绿洲”。因为河床的地下水滋养了无数动植物，种类之多令人惊异；湿润的草地和灌木丛也吸引了纳米比亚的哺乳动物前来寻找食物；大象把象牙深深插入沙中以寻找水源；大羚羊用蹄子踩踏满是尘土的地面，以发现水的踪迹。新的一天到来了，天生丧失视觉能力的大金鼹鼠钻进沙的深处；在冰凉的水域里，沙丁鱼、鲻鱼等鱼类引来了成群的海鸟和数以千万计的海豹。这些动物在这荒凉的骷髅海岸外的岛屿和海湾上繁衍生存，白天躲避灼热的太阳，晚上享受凉爽的沙漠微风。为何对人类来说的死亡地带对这些动物来说竟然会是天堂呢？这还是个未解之谜。

“杀人湖”与“死神岛”

1984年8月16日清晨，一位名叫福勃赫·吉恩的牧师和其他几个人正驾驶着一辆卡车经过喀麦隆共和国境内的莫努湖。这时，他们看见路边有个人坐在摩托车上，仿佛睡着了一样。牧师于是走近摩托车，发现那个人竟已经死了。当他转身朝汽车走去时，忽然觉得自己的身子发软。牧师和同伴此时闻到了一种很像汽车电池液体发出的奇怪气味。牧师的同伴很快倒下了，而他却设法逃到了附近的村子里。

杀人气体

是什么引发了这股有毒的气体？火山学家西格德森认为在最深的水中，发生了微妙的化学变化使莫努湖发生了强烈的分层。但某种东西扰乱了这种分层。使深水中丰富的碳酸盐朝着水面上升。这种压力的突然

变化，使湖水释放出二氧化碳，就像打开的苏打瓶盖一样，这一爆发形成了5米高的波浪，将岸边的植物都击倒了。

据调查者说，这一事件是非常奇特的。技术人员曾考虑过利用这种分层作为能源的一种来源，但后来放弃了这一想法，因为他们害怕由此而引起巨大的气体爆炸。而现在引起极大关注的是，这种情况可能在喀麦隆其他具有火山口的湖中再次发生，因为这些湖都可能像莫努湖一样进行自然分层。

神秘的死神岛

在距加拿大东部的哈利法克斯约500千米的北大西洋上，有一座令船员们心惊胆战的孤零零的小岛，名叫塞布尔岛。

此岛位于从欧洲通往美国和加拿大的重要航线附近。历史上有很多船舶在此岛附近的海域遇难。从一些国家绘制的海图上可以看出，此岛的四周，尤其是此岛的东西两端密布着各种沉船符号，估计先后遇难的船只不下500艘，丧生者总数在5 000人以上。因此，一些船员怀着恐惧的心理称它为“死神岛”。

地下乐园

土耳其卡帕多基亚的格尔里默谷地和月球表面很相似，在这里的火山沉积物上矗立着许多奇形怪状的石堡。这些石堡是火山熔岩硬化后，历经风蚀雨侵而逐步形成的。然而，卡帕多基亚真正引起轰动的是在那里发现了一座巨大的可供成千上万人居住的地下城市，它坐落在今天土耳其的代林库尤村附近。

地下城市

在卡帕多基亚地带布满了地道和房间。地下城市是一种立体建筑，分成许多层。人们对地下城市建造的时间和用途有着不同的见解和推测，其中有些人举出具体的史实来加以考证。史实之一是在基督教早期，这一新生宗教的信徒为寻求避难最终选中了这里。最早的一批大约从公元2世纪或公元3世纪以后一直延续到拜占庭时期，也就是阿拉伯军队围攻坚固的君士坦丁堡（即今伊斯坦布尔）的时候。当时的基督教徒确实在这里避过难，然而并不是他们建造了地下城市。因为地下城市早在他们到来之前就已存在了。那么，地下城市究竟建于何时呢？人们一直思考这样一个问题：这些人为什么要把自己隐藏起来？他们究竟要防备谁？

如果地面上的敌人拥有军队，他们肯定能看到耕种过的土地和空空如也的房屋。而地下城市里建有厨房，炊烟通过通气井冒出地面时，就会被敌人发觉。如果地面上的敌人将地下城市的通气口封堵住，就能把地下城里的人饿死或闷死。所以，人们恐惧的也许不是地面上的敌人，他们在地下岩石中开凿避难之所，也可能是他们害怕能飞行的敌人。这个猜想和我们今天挖筑地下掩体防护系统有相通的地方。上述说法的阐述并不是没有道理的，但事实究竟如何，还有待于人们进一步调查研究。

神秘的大西洋深处

世界上的许多海域对于人类来说都是非常神秘的，这种神秘性引起科学家的兴趣，但是科学的探索却不能对所有的现象做出解释。比如突然从大西洋深处出现的神奇水下潜艇，它的出现导致军舰上的雷达声呐系统全部中断，而现代化的鱼雷炮弹和深水炸弹都对它无可奈何，这究竟是怎么回事呢？

神秘的水下潜艇

1990 年的秋天，在大西洋东北部海域，瑞典和北约海军举行的一次大规模演习中，突然发现了一艘神奇的水下潜艇，这艘潜艇迅速地进入演习海域。它的到来使参加演习的军舰上的雷达、声呐系统全部中断。北约海军的 10 多艘军舰在开恩克斯纳其海湾展开了一场大围剿，想要抓获这艘神奇的水下潜艇。没料到当炮弹和深水炸弹如雨点般地攻击目标时，炮弹、炸弹全部都悄无声息地消失了。当这艘神奇的水下潜艇浮出水面时，北约所有军舰上的无线电通讯系统全部失灵。北约海军又向它发射了多枚技术上最先进的“杀手”鱼雷。这种鱼雷准确度极

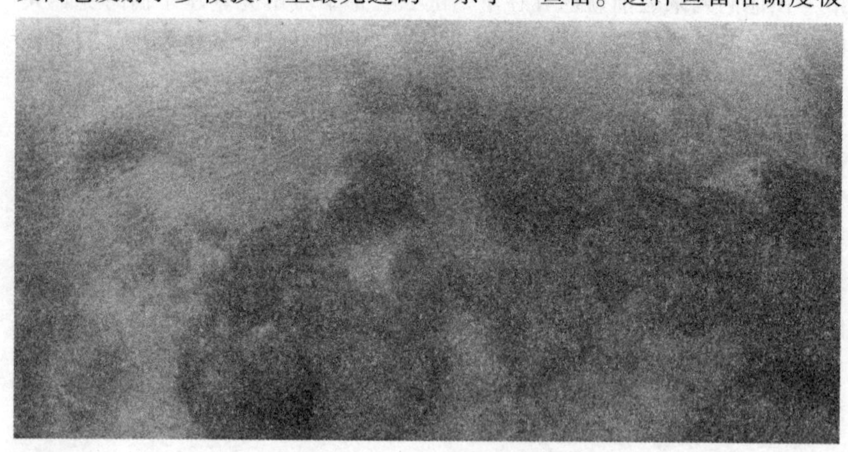

高，能自动追击目标，但出乎意料的是，“杀手”鱼雷不仅没有爆炸，反而消失得无影无踪。

洋底黑潮

几年前，法国的海洋科学考察船“巴米罗亚号”，在大西洋亚速尔群岛海域发现了一股股从洋底涌出来的巨大黑潮，这一股股像墨汁一样的黑潮流向了千里以外的法国海岸。经科学家们检测，黑潮里含有一些地球上罕见的稀有金属。“巴米罗亚号”上的科学家们发现，这一股股黑潮是从3千米深的大洋底部冒上来的。难道这是地球从内部排出的“呕吐物”吗？

飞机地狱

占地球表面积2/3的海洋，存在着很多奇异的海域，如著名的百慕大三角区、日本魔鬼海域等。在太平洋龙三角与大西洋百慕大中间的地中海一带，也存在一片非常奇异的海域。地中海和北岸的卡尼古山山谷一带便是这奇异地带的中心区。卡尼古山山谷，更是成为飞机失事的多发区和飞行禁区，因此被人们称为“飞机墓地”。

出现神秘怪人

1951年6月，在卡尼古山山脚下的卡斯特尔村，人们亲眼见到了一个近2米高的怪人——此人体格健壮、头披长发（白发）、身着合体的灰色服装。可那身服装上既没有纽扣，也没有缝线的痕迹。他吃的是面包，喝的是牛奶。附近村民从来就没有与他交流过，也不知道他来自何方，更不知道他是怎样来到这里的。这个人没有和任何人说话，只是在村外走来走去，不一会儿就不见了。

可是没过多久他又出现了，一切又都显得那么神秘莫测。人们由他的长相认为，他是外星人的可能性非常大。因此，人们认为卡尼古山山谷多少年来发生的怪事都与这个怪人有关联。

资料统计

据有关资料统计，卡尼古山从1945年初至1967年6月竟发生了11起空难，共有229人罹难，如此高的灾难发生率实在令人吃惊。一些细心的人做了如下统计：1945年3月，一家英国的解放者式飞机遇难，5人死亡。1950年12月，一家摩洛哥空军的DC-3型飞机遇难，3人死亡，4人受伤。1953年2月，一架法国的北阿特拉斯式飞机遇难，6人死亡……这一系列的飞机罹难事件使得卡尼古山山谷一带成了可怕的“飞机墓地”，更给人们留下了无数谜团。

绿色“桃花源”

有“世界第一大河”之称的亚马孙河发源于秘鲁安第斯山脉，横贯南美大陆，被人称为“绿色魔境”。它拥有众多深邃葱郁的原始森林，这些森林又被称为“禁忌之林”。在这些森林里有许多不能轻易进入的禁地，人只要进入，必定会迷失方向，更可怕的是有时还会遭到兽人的攻击。

禁忌之林

在17世纪，有一支由西班牙人组成的队伍沿着亚马孙河的支流，来此寻找宝石。他们在被称为“禁忌之林”的森林里迷了路，正当他们不知所措的时候，突然遭到兽人的袭击。于是双方展开了一场激烈而残酷的战斗，在这次交战中，探险队至少枪杀了十几只似猿又似人、性情粗暴、全身毛茸茸的兽人。

1920年，瑞士地质学家罗伊为了勘察亚马孙河流域的地形结构，也冒着生命危险来到了这里。当罗伊所率领的考察队伍在越过一条河流时，他们突然听到类似猿猴的吼叫声，罗伊睁大眼睛环视四周，他看见了两只类似猿猴的大怪物，其中一只怪物渐渐地接近他们。这时，一名队员拿起枪来射击，结果，这只怪物当场被打死。另外一只怪物由于受到了枪声的惊吓，逃到树林里去了。事后，罗伊给遭到射杀的怪物拍了一张照片。根据照片和他们亲眼看到的情景，判断这只怪物的身高大约1.5米，相貌类似蜘蛛猿，嘴里有32颗牙齿。

有些专家和研究者认为，这些身份不明的兽人很可能是原始人的后代，但这只是一种猜测，究竟真相如何？人们莫衷一是。

自焚火炬岛

荷兰帕尔斯奇湖上，有一个能让人自焚的火炬岛，为什么人在这个岛上能自焚？人们一直在寻找答案。17世纪50年代，几位荷兰人来到帕尔斯奇湖，当地人劝他们不要去火炬岛。一位叫马斯连斯的荷兰人觉得当地人是在吓唬他们，他并不理睬当地人的劝告，固执地邀了几个同伴前去火炬岛，寻找所谓印第安人埋藏的宝物。当他们一行人来到小岛附近的时候，几个同伴忽然胆怯起来，准备返回去，只有马斯连斯一人不肯罢休。同伴们远远地目送着他的木筏慢慢接近小岛，正当他们要离开时，突然看到一个火人从岛上飞奔出来，一下子跃进湖里。那不就是他们的同伴马斯连斯吗？他们迎上前去，只见水中的马斯连斯仍在继续燃烧……

探寻火炬岛

1974年，加拿大萨斯喀彻温省普森理工大学教授伊尔福德组织了一个考察组来到火炬岛进行调查。通过细致分析，伊尔福德认为，火炬岛上的人体焚烧现象，是一种电学或光学反应。该观点一出立即遭到考察组的哈皮瓦利教授的反对，哈皮瓦利认为：火炬岛上的某些地段存在某种易燃物质，当人进入该地段后，便会着火燃烧。正因为他们都认为这种自焚现象是由某种外部因素引起的，因而去火炬岛时都穿上了特别的绝缘耐火高温材料服装。在岛上，他们并没有发现有什么怪异的地方。然而，就在考察即将结束时，同行的莱克夫人突然觉得心里发热，伊尔福德立即叫大家迅速从原路撤回。就在这时，走在最前面的莱克夫人忽然惊叫起来，只见莱克夫人的口中、鼻中喷出阵阵烟雾，接着冒出了一股烧焦了的肉味。待焚烧结束后，那套耐高温的服装居然仍完好无损，而莱克夫人的躯体早已化成灰了。

世界各地的“怪坡”

世界之大，无奇不有。自来都是“下坡容易，上坡难”，“水往低处流”，但大自然中却偏偏有令人惊奇的造化。如果你想体验“上坡轻松，下坡费劲”以及“车往坡上滑，水往高处流”的神奇感觉，那么就到这里来看看吧。

辽宁的“怪坡”

位于辽宁省沈阳市新城子区清水台镇周家村东北方的寒坡岭是中国最早被发现的怪坡。1990 年 5 月，一辆面包车途经此地，司机下车小歇，就在此时，这辆熄火的面包车已自行从坡底“滑行”到了坡顶。

这条“怪坡”长约 90 米、宽约 15 米、坡度为 18.5 度，坡道平坦，两边长满了小草，和一般的山坡无太大差别。

但就在这“怪坡”上，汽车下坡必须加大油门，而上坡即使熄火也可到达坡顶；骑自行车下坡要使劲蹬，上坡却要紧扣车闸；即使人在坡上行走，也是上去容易，下来难。

台湾的“怪坡”

你见过“水往高处流”的奇景吗？在台东县东河乡一个名叫“都兰”的旅游胜地，就有这样一处与众不同的景观。

“怪坡”旁有一股小山溪，溪水流到山脚下的农田，而靠近山脚旁的另一股溪水，不往下流，偏偏反其道而行之，向山坡上流去，观者无不称奇。

人们惊异于华夏大地上出现的这些“怪坡”，这种不可思议的神奇力量吸引人们纷纷前往一

探究竟。非常有趣的是，类似“上坡轻松、下坡费劲”的“怪坡”，在世界各国也发现了多处。

乌拉圭的“怪坡”

南美乌拉圭的巴纳角地区，是一个“怪坡”的集中地，汽车只要一开进这一地区，便怪事不断。汽车不但会抛锚，而且还会有一种不知从何而来的神力，会把汽车推出几十米远。

韩国的“怪坡”

如果你有机会开车到韩国的济州岛，在天马牧场附近的516国道上，会经过一段“怪坡”，汽车到此，会自动熄火并置于空挡，不一会儿，汽车就开始向坡上滑行了。

美国的“怪坡”

美国犹他州也有一个被人们称为“重力之山”的奇特山坡，是闻名全球的“怪坡”。这是一条直线距离为500米左右，坡度很大的斜坡道。驱车到此，将车停下，松开制动器，汽车便像是被一种无形的力量拉着似的，缓慢地向山坡上爬去。

“怪坡”的探秘

世界怪坡之谜引起了科学家们的广泛关注，并多次进行科学实验，结果表明：在“怪坡”上，越是质量大的物体，越容易发生自行上坡的奇异现象。针对这种“怪坡”效应，游客、探险家和科学工作者先后提出了“重力异常”“视差错觉”“磁场效应”“四维交错”“黑暗物质”和“飞碟作用”“鬼怪作祟”“失重现象”“黑暗物质的强大万有引力”及“UFO的神秘力量”等各种解释，大家众说纷纭，但又都难以使人信服。

卡纳克石阵

欧洲各地遍布巨石古迹。从南边的意大利至北方的斯堪的纳维亚，还包括不列颠群岛，巨石古迹几乎随处可见。其中规模最大的要数法国西部布列塔尼的卡纳克。这里不仅石块众多，而且范围广大，有8 000米长。如果按照精密的计划实施，这样的石阵必定要耗费很多人力。可当时是谁完成了这一伟大的创举？答案至今仍无人知晓。

巨石阵的组成

卡纳克石阵主要由3组巨石组成：勒梅尼克、克马里奥和克勒斯冈，全在卡纳克北部。巨石的高度参差不齐，最矮的在勒梅尼克西端，约高0.9米，最高的在克马里奥，高达7米。勒梅尼克共有1 099块石头，排成11行，占地宽约1 000米，长100千米。其东面是克马里奥，石阵共10行，延伸达2 000米。再往东是克勒斯冈，几乎排成正方形，共13短行，540块巨石，末端是个由39块巨石围成的半圆。另外还有第4组位于小勒梅尼克，是最小的石阵，仅有100块石头而已。各组的排列大致相同，全部沿东西方向分行排列，各行间的距离不同，接近外缘即南北边缘的行距较密。巨石排布越靠近东端，石块便越高，而且排得越密。偶尔有些石块并不排成直线，而是排成平行的曲线。

残缺不全的巨石

卡纳克现存的3 000块巨石，可能只是原来的一半。有些已风化，更多的被当地农民和收藏家拿走。地震的破坏，尤其是1722年的大地震，使许多石块倒下跌碎，而更多的石块则被人盗走了。

石阵建造者

各组石块是公元前 3500 年~公元前 1500 年间的不同时期竖立的，约与英国的巨石阵和埃及的金字塔同期。虽然卡纳克的“建筑师”是谁及用什么方法建造的这些石阵仍是个谜，但地质学家大致同意部分巨石的竖立年代早于轮子在欧洲出现的时期。石块采用当地的花岗岩，从采石场拖至卡纳克，然后竖在预定位置。由于最高的石块可能重逾 350 吨，这项工程估计使用了许多人力。按当时男性的平均寿命为 36 岁，女性 30 岁来计算，应该没有一个在工程开始时参加的人能活到这项伟大工程结束。

墓丘

巨石砌成的大道和圆环并不是卡纳克唯一的史前古迹，在这里还发现了一些陵墓，至少有 2 个建于公元前 4000 年。克马里奥巨石行列的方向，正指着一个长满青草的墓丘上一块竖立的石块，这块石头就是通往卡加度墓丘的入口标记。墓内一条以石块铺砌的甬道通往一个方形石室，这里葬着一代又一代的当地人。这座墓丘建于公元前 4700 年，入口朝向冬至日出的方向，是欧洲现存最古老的墓丘之一。

巴哈马大蓝洞

巴哈马群岛位于美国佛罗里达半岛外的罗萨尼拉沙洲与海地岛之间。巴哈马群岛由30个较大的岛、600多个珊瑚岛和2 000多个岩礁共同组成，全长1 220千米，宽96千米，总面积约1.4万平方千米。

巴哈马人称蓝洞为“沸腾洞”或“喷水洞”，这是因为在洞口有汹涌的潮流出入的缘故。涨潮时，洞口的水开始围绕着一个漩涡飞速转动，能把任何东西吸入；落潮时，洞内喷出蘑菇形水团。一些当地人相信，蓝洞内生活着一种半似鲨鱼半似章鱼的怪物，这种怪物会用长触须把食物拖入海底的巢穴内吃掉，然后吐出不需要的残余物。

解密大蓝洞

巴哈马大蓝洞的全部洞穴都在水面之下，全长800米，直通大海。各洞窟彼此都有通道连接，通道间叉路很多，又连着小洞窟，像迷宫一样。洞中的钟乳石和石笋形态不一，有的像妖魔鬼怪，有的像飞禽走兽，有的像鲜花树木。这里虽然终年得不到太阳的照射，但却充满了生机，各种海绵布满了洞壁，青花鱼等水生动物也在洞中怡然自得地游来游去。

那么，巴哈马大蓝洞为什么会在水下形成呢？

巴哈马群岛原来是一条巨大的石灰岩山脉的一部分，当时地球上遍布冰川，海平面较低。后来，石灰岩受到酸性雨水的淋蚀而形成了许多坑洼，逐渐成为洞穴。后来，因气候日益干燥，地下河逐渐消失了，洞穴也随之干

涸，于是从石灰岩中析出的硫酸氢盐和钙慢慢形成了石笋和钟乳石。没有水的支撑，洞顶开始坍塌，很多洞窟的顶部弯成了穹形。距今1.5万年前，冰川因地球气候转暖而开始融化，海平面也逐渐升高到现在的高度，一部分陆地变为海洋，于是巴哈马群岛中的一些洞穴就变成了水中洞穴，因此形成了巴哈马大蓝洞。

一般的海底洞穴一旦形成了便常常被淤泥冲积物充塞掩埋，因而海底洞穴极为罕见。而巴哈马大蓝洞则由于附近大河少，沉积物少，而且水流较急，能将附近的沉积物迅速冲走等特点而得以存留至今。但巴哈马群岛至今仍在下沉着，它将来的命运又会如何呢？

神秘的磁力旋涡地带

美国的俄勒冈州有一个磁力非常强的地方，所有去过那里的人，看到眼前令人惊奇的一幕，都无比震撼。鸟儿一旦飞到那里，就很难移动，经过一阵激烈的挣扎后，慌慌张张地向别处逃去。

“俄勒冈旋涡”形成一个很大的圆圈，直径约为 50 米。仪器测定的结果显示，这里有个令人匪夷所思的磁力圈。它以 9 天为一周期，周而复始，沿着圆形轨道移动。

在这个圆圈内，有一栋非常陈旧的小屋。很久以前它是一个金矿的办公室，1890 年人们迁往别处，从那以后这里就一直荒废。这栋房屋看起来有些向东倾斜，而且损毁非常严重。

进入这个屋子，就会有身处另一个世界的感觉。挺身站在这个屋子中，身体会不由自主地向磁力中心倾斜，倾斜度大约为 10°。小屋的屋梁通过一根坚韧的铁链吊着一个重达 13 千克的铁球，铁球悬吊的角度，并非竖直，而是歪向旋涡的中心点，这就是磁力圈中磁力作用的结果。

在小屋中，将一块木板放在磁力中心的这一边，会发现其位置较高，而放在没有磁力的那边，位置则较低。这时在木板上摆一个空瓶，你会发现空瓶并不会向较低的那边滚下，而是滚向地势较高的磁力中心点。倘若把橡皮球放在旋涡磁力圈内，橡皮球便会向磁力中心点滚过去。把纸张撕成碎片后随手散掷于空中，碎片就会被卷进旋涡中，然后落在磁力中心点，这一切似乎有人在空中搅拌碎纸似的，太不可思议了。这种奇妙的现象，任何人看了都会怀疑自己的眼睛看到的是否是假象。

然而对于这个旋涡磁力圈的形成原理，至今还没有令人满意的科学解释。但是，我们相信，在不远的将来，随着科技的进步，人们最终会解开磁力圈的奥秘。

“刺天剑”之谜

卡帕多西亚这个名字在过去似乎默默无闻，人们很少留意关于它的一些事情，只模糊地记得它位于小亚细亚。但今天，卡帕多西亚成为了世界旅游胜地，声望日隆。

人间石锥乐园

在卡帕多西亚，无数锥形和金字塔形的岩石从荒凉的深谷中拔地而起，构成了非常独特的景观。有些石锥从下至上逐渐变尖，十分光滑；有些则十分粗糙，奇形怪状；还有许多大小不同、形态各异的石柱和露头岩石。石锥的颜色更是绚丽奇诡，有淡黄、粉红、深朱、浅蓝及淡灰，多姿多彩，煞是好看。

石锥主人的魔力

民间流传着石锥起源的神话：很久以前，卡帕多西亚被一支掠夺成性的军队围困，当地居民祈祷真主帮助，结果敌兵全化为了石锥。令人惊叹的是：不少石锥和岩石顶上都有深色的石板。远远望去只见那些石锥千奇百怪：有些形似古怪的蘑菇；有些则似身披斗篷、歪戴帽子的绅士；有些地方，石锥乱七八糟地散布在谷底；有些地方则排列得井然有序。

卡帕多西亚石锥矗立于埃尔吉亚斯死火山高原上。石锥就是由这座高达 391 米的死火山喷出的物质形成的。千百万年以前，埃尔吉亚斯火山猛烈喷发。火山灰散布在广阔的地面上，冷却凝固成一层厚厚的凝灰岩，质地较软，用刀便可削刻。凝灰岩经长期风雨剥蚀，雨水冲出了壑沟、峡谷，留下了千姿百态的锥形丘陵。

火山喷出的凝灰岩有些温度非常高，与下层岩石融合，形成较坚硬的岩石层，颜色较深。这里沟壑纵横，呈现出奇特的自然景观，令人赞叹不已。

历史未解之谜

众说纷纭的传闻逸事有多少可信度？各种历史谜案是否暗藏玄机？这些萦绕心中的疑团吸引着人们探索的脚步，在探寻谜团的同时还历史以真相。

远古地图

古老的地方总会有新的发现。在土耳其伊斯坦布尔的塞拉伊图书馆里，人们发现了一张用羊皮纸绘制的航海地图。地图上有土耳其海军上将皮里·雷斯的签名，日期是1513年。

令人惊异的古地图

皮里·雷斯是希腊人，1554年在开罗被杀。他是著名海盗马尔·雷斯的侄儿，一生都在大海上鏖战。像他这样的人，拥有一张航海地图，本来不算是稀奇事。但是，雷斯的这张地图却是一张稀世珍贵的古地图，它不是雷斯本人或其他同时代的人绘制的。这张地图是一张复制品，它的原版是在极其遥远的古代绘制的。这张地图上准确地标出了大西洋两岸大陆的轮廓，北美洲和南美洲的地理位置也准确无误，尤其是南美洲，连亚马孙河流域、委内瑞拉湾等地也都标画得非常精确。更令人惊奇的是，这张地图上清楚地标出了整个南极洲的轮廓。大家知道，南极大陆是在1818年才被人类发现的，这之前没人知道地球上还存在这样一块大陆。让人难以理解的是，雷斯地图上的南极洲不仅跟现代地图相符，而且还画出了现在已被冰层覆盖的南极大陆两侧的海岸线，其中尤以魁莫朗德地区最为清楚。雷斯在地图说明中称绘制这张图时曾参考了20份海图，其中有8张海图是公元前留下的。

另外，人们在柏林国家图书馆发现的两本古地图册中，也见到了皮里·雷斯的署名。

古地图上完整的南极大陆轮廓

1956年，雷斯的南极古地图被送到美国绘图专家阿兰顿·莫勒里的手中接受鉴定。莫勒里惊奇地发现，在这些400多年前绘制的地图上，南极洲的地形特征竟与1949年测定的南极地形轮廓完全一样。而且雷斯还应被称为世界上最早绘出南极地图的人。因为在雷斯所处的欧洲文艺复兴时代，学者们还只是在对南极大陆存在与否进行推测和争论，在1818年以前，从未有人能够在地图上标出南极大陆的位置。但皮里·雷斯却提前300年绘成了人们在20世纪才画得出的南极地图，这实在让人感到不解。

后来，查理斯·哈普古德教授和数学家查德·斯特罗钦等人对这批由雷斯绘制的南极古地图进行了细致的研究和全面的鉴定。

学者们认为，这批古地图精确得不可思议。图中画出的南极洲是没有冰川覆盖的实际海岸以及内部地形，这些都与现在人们利用回声波探测到的资料完全一致，图中标出的山脉、高峰也准确无误。古地图上甚至还标出了当时人们尚难勘探到的地方。如图上标明的一条南极山脉，直到20世纪50年代才被人们发现。

曾经河流密布、温暖湿润的南极洲

对于南极古地图上标出的河流，有的研究者曾表示怀疑：在号称“冰雪大陆”的酷寒地区怎么可能有河流存在呢？在查阅了1949年海洋地质学家对南极洲边缘的勘察报告后人们才搞清楚，南极洲海底滞留的岩层是由南极河流带来的冲积物固结形成的，这些冲积物已逾万年，最迟的也有6 000年了。地质学家的研究表明，那时的南极洲尚处在冰川时期之前的温带时期，当时南极洲河流密布，到处草木葱茏、充满生机。

这就是说，早在南极洲被冰川覆盖前的远古时期，就已经有人绘出了南极大陆的原始地形图。难道这是原始居民的杰作？没人知道答案。

与卫星拍摄的地球照片“神似”

随着研究的进一步深入，科学家们发现，雷斯的古地图与卫星拍摄的地球照片非常相像。因为经坐标投影后，南极古地图与美国空军用等距离摄影法制成的以开罗为中心的地图几乎完全相同。为此，有学者指出：雷斯的南极古地图一定是一张从高空拍摄的照片的复制品。正是由于“高空摄影效应”，古地图上的南美洲才会被奇怪地拉长。这与美国月球探测器拍下的地球照片的特征刚好吻合。

其他古地图中的南极洲

科学家们除研究了雷斯绘制的古地图外，还搜集到了勃库等人留下的古地图，并从中获得了新的发现和启示。勃库地图绘制于1733年，据该图所示，南极大陆并非整体，而是海洋环抱的两个大岛。该图的真实性一直受到怀疑，直到1968年地球物理年时，科学家们经过艰辛的努力才终于确认，勃库地图十分准确地反映了南极洲在冰雪覆盖前的真实情况。它与雷斯地图都记录了南极洲在冰川时期来临之前的海陆概貌。

1966年，查理斯·哈普古德教授出版了一部专著《古代地图》，他在书中公布了多年的研究成果。这位教授指出：通过对一批古地图的鉴定，表明在史前时期，可能就有人绘制出了画有南极大陆的地图。

哈普古德还叙述了他对皮里·雷斯等人绘制的古地图来龙去脉的调查情况。他指出，绘制南极古地图所依据的原始资料，可能来自公元前。因为南极地区被冰层覆盖已经有1.5万年了，这就是说，雷斯地图上的南极洲是根据1.5万年前的地理状况绘制而成的。

其实，雷斯地图并不是唯一的一张古地图。早在1339年，就曾发现了一张航海图，它十分精确地标出了地中海和整个欧洲的位置。许多事实都证明，这张地图也是复制品，就是说，它原版的绘制年代要比这早得多。从地图本身来看，绘制者所掌握的地理等方面的知识比14~16世纪的人要更全面。

在希腊普托利迈斯年代的地图上，人们可以看到如今的一些地区还被冰川覆盖着，而另一些地区却没有被冰川全部覆盖。这一切都表明，这些地图是在历史久远的古代绘制的，因为冰川覆盖的年代距今已经很遥远了，而在普托利迈斯年代，有些冰川已经消失。

1531年，有位叫弗纳尤斯的人也得到一张地图，上面所标的南极洲的大小与现代绘制的地图相比，几乎完全一致。所不同的是，这张地图只标出南极的西部被冰层覆盖着，冰层尚未覆盖整个南极大陆。地理物理科学的研究成果表明，大约在6 000年前，南极大陆上的某些地区气候还比较温暖，特别是雷斯海地区。这个事实表明，这张地图是根据6 000年前的南极地形绘制的。

1559年，另一张土耳其地图也精确地标出了南极洲大陆的海岸线。更令人惊讶的是，这张地图还标出了一条较窄的地带，像桥梁一样把西伯利亚和阿

拉斯加连接在一起。但是连接西伯利亚和阿拉斯加的这块地区至少已消失 3 万年了。很显然，绘制者对此了解得十分清楚，以至把它绘制到了自己的地图上。

撒哈拉曾是绿洲

在一幅绘制于 1502 年的夏弥王地图上，世界最大的不毛之地——撒哈拉沙漠地区，竟标有湖泊、河流、城市。是这幅地图画错了吗？当然不是，科学家的研究证明，公元前 4009 年左右，撒哈拉地区确属湿润气候区，这里河湖密布，森林茂盛，居民众多，经济繁荣。由于气候变迁和人们对生态环境的破坏，最终导致这里成为一片沙海。

那么，是什么人留下了撒哈拉绿洲时代的地貌记录呢？靠着简单工具维持生计的古人，竟能绘制出那么精确而完善的地图吗？

类似的例子不胜枚举。例如，有些古图上所标画的地中海罗的岛与现在该岛的面积相比，相差很大，这说明这个岛屿在绘制地图时是很大的，只不过天长日久，被海水冲刷后才变成现在这个模样。

有的地图上还标明了现在的英国、爱尔兰等地区都有冰川，但实际上这些冰川的存在都是 1 万年以前的事。

观察古地图得出的结论

综合这些古代地图，我们注意到：

一、它们标出的陆地是地球上几千年前，甚至几万年前的大地图形，这些地图绘制得都很精确。

二、要绘制出这样的地图，必须掌握地球的形状、大地的构造、球体三角学等方面的科学知识。

三、绘制者必须拥有先进的交通工具和制图手段。

虽然，中世纪的许多航海家都拥有航海地图，但他们中绝大多数人对地球知识知之甚微，甚至不知道它究竟是扁的还是圆的，更没有人到过南极洲。特别是对那些已经消失的大陆，中世纪的人更是一无所知。所以，他们根本不可能绘制出上述地图。

据此人们可以知道，这些地图绘制的年代是在几万年以前。

那么究竟是谁绘制了这些古地图呢？有一些科学家认为，只有两种可能：一是外星人，二是地球上的古人。但两种看法都没有确凿的证据来证实，除了这两种解释外，难道还有第三种解释吗？随着研究的深入，问题似乎越来越多，也越来越扑朔迷离了。

“水门事件”主谋之谜

“水门事件”使尼克松成为美国历史上首位被迫辞职的总统。但人们认为，尼克松事先并不知道这件事，只是因为他事后掩盖事实，阻碍司法调查，并向公众说谎而引起民愤，最后导致被迫辞职。

马格鲁德的回忆

当年任尼克松竞选连任时委员会的副主任杰布·斯图尔特·马格鲁德，现在是俄亥俄州长老会退休的牧师。他在美国公共广播公司拍摄的一部纪录片中谈到，他在1972年3月30日与当年司法部长约翰·米切尔会面时，听到了尼克松和米切尔的电话会谈，尼克松指示米切尔派人对民主党竞选总部进行窃听，并鼓励米切尔大胆去干。事发后，他以为尼克松能救他，所以帮他掩盖了这个秘密，但不久尼克松就下台了。马格鲁德因妨碍司法公正，被判了数月监禁。

马格鲁德的这段揭露轰动了整个美国，如果他说的都是真的，那么水门事件的这段历史将被改写。现代美国历史上的一个“谜题”也就解开了，那就是尼克松总统究竟对水门事件知道多少。

众说纷纭

尽管马格鲁德是当事人，他作为当时竞选连任委员会的副主任，能够与尼克松政府里的高层接触，但威斯康星州大学的专家斯坦利·库特勒却对此表示怀疑。他说，如果尼克松确实下达了这个命令，“不可能没有被记录下来”，虽然不是所有的录音带都能够公之于众，但这样重要的信息不可能不被揭露出来。

水门事件的中心人物之一、前白宫律师约翰·迪安对马格鲁德的说法也不能理解，他说：“虽然没有理由怀疑他的指控，但我自己没有任何证据能证明尼克松一开始就知道这件事。”

历史学家理查德·里夫斯的观点则不同，他相信马格鲁德的说法，他认为尼克松完全有可能亲自下达对民主党竞选总部窃听的命令，而且他觉得经过这么多年，马格鲁德没有说谎的必要。

双方据理力争，可谁也不能完全还原事实真相，答案依旧扑朔迷离。

撒哈拉沙漠壁画之谜

人们对撒哈拉沙漠并不陌生，它是世界第一大沙漠，那里的气候炎热干燥。然而，令人迷惑不解的是，在这样极其恶劣的自然条件下，竟然有过高度繁荣昌盛的远古文明。当你面对沙漠上许多绚丽多彩的大型壁画，当远古文明的结晶触手可及时，一种神秘感便会油然而生。但今天的人们已经难以对这些壁画的绘制年代进行准确考证了，壁画中那些奇形怪状的事物在人们看来也神秘莫测，这成为人类文明史上的又一个谜团。

壁画表明沙漠原是绿洲

哪里有谜团，哪里就会有人们探索的足迹。1850 年，德国探险家巴尔斯来到撒哈拉沙漠进行考察，无意中发现岩壁上刻有鸵鸟、水牛及各式各样的人物像。1933 年，法国骑兵队来到撒哈拉沙漠，偶然在沙漠中部的塔西利台、恩阿哲尔高原上发现了长达数千米的壁画群，它们全绘在受水侵蚀而形成的岩石上，五颜六色，色彩雅致，刻画出了远古人们生活的情景。此后，世人将注意力转到撒哈拉，欧美一些国家的考古学家也纷至沓来。1956 年，亨利·罗特率领法国探险队在撒哈拉沙漠发现了 10 000 多幅壁画。第二年，他又将总面积约 1 080 平方米的壁画复制品及照片带回巴黎，一时间成为轰动世界的奇闻。

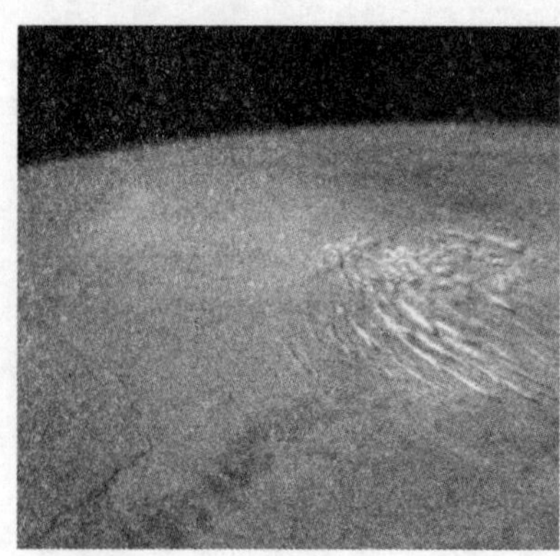

我们可以从发掘出来的大量古文物中发现，距今约 10 000 年~4 000 年，撒哈拉不是沙漠，而是大草原，是草木茂盛的绿洲，当时有许多部落和民族生活在这块美丽的沃土上，并

创造了高度发达的文明。这一文明最主要的特征是磨制石器的广泛流行和陶器的制造，这也是生产力发展的重要标志。

在壁画中，我们还可以看到撒哈拉文字和提裴那古文字，壁画的表现形式和手法相当复杂，内容丰富多彩。这说明当时的文化已发展到相当高的水平。绘制壁画所用的颜料是不同的岩石和泥土，如红色的氧化铁，白色的高岭土赭色、绿色或蓝色的页岩等。远古人将台地上的岩石磨成粉末，加水作为颜料绘制成壁画，由于颜料充分地渗入岩壁内，因而画面的鲜艳色泽能保持很长时间，所以经过几千年的风吹日晒至今仍鲜艳夺目。

壁画的内容

壁画的内容多是一些雄壮的武士，他们大多表现出一种凛然不可侵犯的威武神态。有的手持长矛、圆盾，表现出征的场面；有的手持弓箭，表现狩猎的场面。在壁画的人像中，有的身缠腰布，头戴小帽；有的不带武器，像是在敲击乐器；有的像是在欢迎“天神”降临，翩翩起舞。另外，壁画群中的动物形象也占有很大比例，它们千姿百态，神态各异。那些动物受惊后四蹄腾空、势若飞行，其创作技艺非常卓越，可与现代任何杰出的壁画作品相媲美。艺术来源于现实，根据这一理论，我们可以从这些动物图像中推想出古代撒哈拉地区的自然风貌。

然而，在今天极其干燥的撒哈拉沙漠中，为什么会出现如此丰富多彩的古代艺术品呢？约6 000多年前，撒哈拉曾有高温和多雨期，遍布湖泊和草原，多种植物在这里生长，只是到公元前300年~公元前200年，气候发生变化，昔日的大草原才逐渐变成了大沙漠。那么，是谁在什么年代创造出这些气势磅礴的壁画群，绘制壁画的目的是什么呢？没人能找出准确答案。

远古宇航员

更加令人不解的是，在恩阿哲尔高原丁塔塞里夫特曾发现一幅壁画，画上都是一些戴着奇特头盔的人，头盔的外形很像现代宇航员的头盔。为什么这些画中人要穿厚重笨拙的服饰，头上要罩个圆圆的头盔呢？

后来，美国宇航局在对日本陶古进行研究的过程中，竟意外地发现了一些关于撒哈拉壁画的天机。

所谓日本陶古，是在日本发现的一种陶制小人雕像。陶古有蒙古服的意思。这些陶古曾被许多历史学家认为是古代日本妇女的雕像。可是美国宇航局科研人员认为，这些陶古是一些穿着宇航服的宇航员。这些宇航员不但有呼吸过滤器，而且有由于充气而膨胀起来的裤子。科学工作者的这个研究成果，不仅来自对陶古的认真研究，而且他们还把一段神话传说作为参考的依据。日本古代有个关于“天子降临”的传说，非常巧合的是，在这个传说出现100年后，日本就有了陶古。所以人们认为，传说中的“天子”，也许正是天外来客，而陶古恰恰是这些“天子”——宇航员的肖像画和雕塑。如果日本陶古真的像人们所说的那样是宇航员，那么，撒哈拉壁画中那些十分相似的服饰，是不是有可能就是天外来客的另一处遗迹呢？

如果我们用唯物主义的观点去看待这个世界，当然不会相信有神的存在。然而，那些触手可及的遗迹，又确实是我们地球人目前难以解释的。我们认为外太空的生命有可能曾经在我们地球上留驻过，正如我们在月亮上曾留下地球人的痕迹一样。这些痕迹为我们提供了许多值得探究的课题，给人类留下了许多不解之谜。

新疆岩洞里的月相图

在20世纪60年代初，中国考古人员在新疆一座古老的山洞里也发现了一批古代岩画，经科学家考证，这是数万年前的作品。其中，有一组世界上最早的月相图，它是由新月、上弦月、满月、下弦月、残月等连续画面组合而成的。

令考古人员十分震惊的是，满月图上居然画着辐射线的细节。在满月图中，球体南极处的左下方，刻有7条呈辐射状的细纹线，这表明满月图作者极其准确地知道月球上有由大环形山中心辐射出的巨大辐射纹。这与我们现在用天文望远镜观察到的月球表面呈放射状分布的大环形山非常相似。数万年前的原始人怎么会知道月球表面的地貌呢？难道这数万年前的月相图并非原始人所刻绘？那么，这古老月相图的作者又是谁呢？

意大利的“史前宇航图”

在美国的加利福尼亚、伊朗的西雅尔克、意大利的布列西亚、墨西

哥的帕伦克等地相继发现了绘有这类颇似宇航员形象的岩画。看来这已成为一种普遍的现象。

其中，意大利的布列西亚史前岩画上画有两个人物，他们都穿着鼓鼓囊囊的套服，头上戴着奇怪的密封盔，盔上还伸出天线似的短角，手里拿着工具似的东西。至于墨西哥的帕伦克岩画，则是在当地一座金字塔中深藏的石棺盖上发现的，它虽然不属于史前作品，却被研究专家称为“典型的史前宇航图”。因为画中人物很像是正在驾驶着飞驰的火箭。图中刻画出的飞行物前身呈尖形，稍后是几个形状奇特的凹口，很像是舱门或通风口，再往后逐渐变宽，尾部是一股喷出的火舌。仔细观察会发现，它前端处有开口，由开口纳入空气，空气经由管道送入尾部。画中的玛雅人上身前倾，手里握着操纵杆状的东西，左脚跟踩在一块踏板上，正全神贯注地注视着眼前的仪表，显然，“火箭”正处于向前飞行的状态。

更神奇的是，这位操纵员的头盔装置也非常复杂，有透气口、管子，还有天线般的东西。他的衣着也恰到好处，一套紧身连衣裤，腰间束着宽皮带，手臂和腿部紧束着绑带。他的前座与运载器的后部隔开，在运载器内可以看到各种对称的方、圆、点和螺旋线。

在这幅现代人眼中极度超越了时代的古代作品上，究竟隐藏着怎样的信息呢？或者说，它将会告诉后世哪些秘密呢？玛雅人的祖先是否曾经接待过神秘的“天外来客”呢？这所有的一切都等待着研究者们进一步探索。

所罗门王“宝藏”之谜

所罗门是犹太历史上空前绝后的一代国王，他以才智赢得了四方的尊敬和朝拜，邻国的国王每年都会派遣使臣来进贡金银财宝和名贵香料。这一时期，犹太人的手工业、商业，特别是对外贸易都达到鼎盛，人们称所罗门统治时期为“黄金时代”。传说在公元前10世纪，所罗门修建了一座宏伟的犹太教圣殿——耶和华神庙，并在神殿中央的“亚伯拉罕神岩”下修建了地下室和秘密隧道。在那里存放了数不清的金银财宝。从此以后，人们都知道了所罗门有一个藏宝之地。

后人的寻宝之旅

所罗门王之后，犹太王国日渐衰落。公元前586年，耶路撒冷被新巴比伦国王尼布甲尼撒二世攻陷，巴比伦人曾在“亚伯拉罕神岩”的地下室和秘密隧道中寻找所罗门的财宝，最终因地下室和隧道结构复杂，无法找到财宝只得放弃计划，圣殿也因此被付之一炬。但所罗门财宝仍对世人有着巨大的诱惑，所以寻宝行动至今从未间断过。这些财宝究竟藏在哪儿呢？有人认为地下室的秘密隧道是这些财宝的藏身之处，只是人们无法接近；还有人认为在巴比伦人攻陷耶路撒冷以前，这些财宝已经被转移到别的地方去了。有些人通过进一步猜测，得出这样一个结论：在所罗门王统治时期，他常常派船只出海远航，而且每次都是满载而归，所以，大海中的某一个岛屿也许就是所罗门储藏黄金

的宝库，那些满载而归的金银财宝就是从这个宝库中运出的。于是相信这种说法的一些冒险家纷纷去寻找这个岛屿或大陆。

1568 年，一个名叫门德纳的西班牙航海家率领船队踏上了一座岛屿。当他发现岛上的人都佩戴着金光闪闪的各种首饰时，竟兴奋地以为这里就是所罗门藏宝之地，并给当地取名为“所罗门群岛”，自以为实现了多少人梦寐以求的寻宝美梦，但结果却是一无所获。至于所罗门宝藏究竟在哪里，现在仍是一个谜。

金字塔之谜

金字塔一直都是备受关注的建筑，它是古代埃及法老的陵墓。一些研究秘传的学者认为，坐落在埃及等地的每一座金字塔都可能是一个巨大的文化和能量聚集地，以传授宗教的奥妙，接受宗教的考验，实践宗教的课程。

能量的聚焦地

一种说法是聚集在金字塔里的能量巨大无比，它可以影响到四周地域的气候变化。另一种说法是，最后一批离开埃及的文明人，为防范后人破坏他们的创造物，就利用金字塔的能量摧毁赫奥普斯金字塔周围的一切，使之成为一片茫茫沙漠……

一些科学家发现，金字塔内部会形成强大的磁场。把铁屑散布在模型周围做试验证实了这一磁场的存在，铁屑被构成了一条条不寻常的奇妙曲线。那么，这一磁场是如何形成的呢？

20 世纪 40 年代，有人做了次轰动一时的试验。他们把一些用钝的刮脸刀放置在金字塔里，经过 12 个小时，刮脸刀竟变得锋利如初。这个试验只要求遵守一个原则：刀口必须对着南极或北极。而且经过这样的处理之后，刮脸刀变得十分耐用。

金字塔里的古船

1954 年，人们在清理胡夫金字塔的那堆乱石时发现了石墙和用巨大的石灰岩石料砌成的封顶。拆除了部分石墙后，考古学家发现了两个在基岩中凿出的硕大的坑。坑里埋藏的并不是法老

或他的后妃，也不是金银财宝，而是一条被拆卸的古船。

这条船船身细长，头尾高翘，有甲板室，长 43 米。船壳采取纵向缝合的方式，然后用钢箍加固，再用防水剂抹缝。船上使用的桨，很像中国的梭镖。

那么，这条古船当时到底有什么用途呢？在继续挖掘大坑后，考古学家们又发现了一条三桅帆船，同上一条古船极其相似。

多数学者认为它们都是灵船。胡夫死后，一条船载石棺，一条船载内棺和尸体，一前

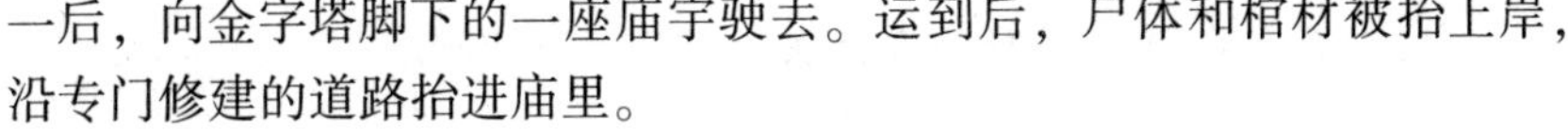

一后，向金字塔脚下的一座庙宇驶去。运到后，尸体和棺材被抬上岸，沿专门修建的道路抬进庙里。

然而这只是猜测，有人提出了不同的见解。在胡夫时代，尼罗河平原上河流纵横，船是一种极其重要的交通工具。但发现这两条船的时候，它们被卸成了上千块，这又是为什么呢？迄今发现的许多墓室壁画，上面都有这样或那样的船。古埃及人还乘船在沼泽地或芦苇荡中打猎。古埃及人也造海船，跟地中海的其他国家进行海上贸易。船冢里埋的这两条船，其真正的用途真叫人困惑不解。

可怕的法老咒语

在漫长的历史岁月中，埃及金字塔始终笼罩着神秘的面纱，充满着神奇的色彩，也正因为如此，它才吸引了越来越多的研究者和探索者。然而金字塔中最令人感到恐怖、毛骨悚然的还是金字塔墓碑上的咒语："不论是谁骚扰了这位法老的安宁，'死神之翼'将降临在他头上。"

图坦卡蒙陵墓被开启

1922年11月26日下午，在埃及"国王山谷"一座金字塔脚下陡峭的地下通道里，站着两位神色严肃的人。矗立在他们面前的是一座封闭了3 000多年的古代埃及法老的墓门。考古学家霍华德·卡特为了寻找这个墓穴已经付出了几十年的心血，他身旁站着的是8年来为支持他而耗费巨资的卡纳冯勋爵。他们终于盼来了这一天。卡特小心翼翼地凿开墓门的一角，卡纳冯在他身后睁大眼睛往里瞧。随着一块块泥土往下掉，气氛变得异常紧张起来。洞口越来越大了，卡特怀着忐忑的心情，用颤抖的手举起手电筒向里照。过了一会儿，卡纳冯用嘶哑的声音问道："你看见什么了？"卡特转过身子，眼睛里闪着光芒，结结巴巴地说："我看见了，奇迹……了不起的奇迹！"

这就是古埃及年轻法老图坦卡蒙陵墓的发现过程。这一发现成为当时考古史上轰动世界的重要事件。图坦卡蒙统治埃及9年，公元前1350年，18岁时便神秘地死去了。他一定不会料到，自己被埋葬了3 200多年后又突然成了举世瞩目的"新闻人物"，成为全世界一时间关注的焦点。

这座古墓位于“国王山谷”的峭壁脚下，由 4 个墓室组成。满地散落的珠宝表明，墓室封上后不久，曾有盗墓者潜入前室。但盗墓者可能胆怯了，他们没敢继续下手，墓门又被重新密封起来。整个墓穴基本上是完好无损的。

当进入墓室时，人们看到满地堆着的无数珍宝，不由得欣喜若狂。但是当他们看到一块泥塑板上刻着的一行文字时，都毛骨悚然，不寒而栗了。

咒语应验

正当人们半信半疑的时候，奇怪的事情接二连三地发生了。首先是卡纳冯勋爵在墓穴中被一只飞虫叮了一下，不久便死去了。接着是梅塞纳爵士的秘书迪克·贝瑟尔、考古学家贝尼迪特和帕萨诺瓦、韦斯特伯里爵士、阿奇博尔德·里德（他曾用 X 光透视过木乃伊）等人都莫名其妙地相继死去。似乎真像咒语所说的，图坦卡蒙王的复仇之剑追逐着卡纳冯勋爵的所有助手和扰乱其安宁的任何人。仅 6 年时间，就有 23 人应验了那可怕的咒语走向了死亡。

当人们再次提到图坦卡蒙墓的时候，便会联想到这件离奇的事。1977 年 7 月，卡纳冯的儿子在纽约会见电视记者，当人们问到“法老诅咒”一事时，他说他“既不相信此事，也不怀疑此事”，但即使给他 100 万英镑，他也不会进入“国王山谷”中的图坦卡蒙墓。这件事无疑给神奇的法老陵墓又增添了一层神秘的色彩。

对“法老咒语”显灵的几种态度

难道那些埃及古代陵墓里早已变成木乃伊的法老们真能在几千年后将发掘者咒死吗？目前对“法老咒语”的所谓显灵，各有见解，综合起来主要有以下几种观点：

一种观点认为，墓道壁上附着有一层粉红色和灰绿色的东西，这可能是一层死光，经研究表明它所放射出的物质能够导致人的死亡。

第二种观点认为，埃及当时所具备的文化和科技水平已足以使法老们利用剧毒的昆虫和毒物，将它们置于陵墓中作为防卫的武器，以此来对付后世的陵墓破坏者及盗墓者。1956 年，地理学家怀特斯在挖掘罗卡里比陵墓时，就曾遭到蝙蝠的袭击。

第三种观点认为这种现象与木乃伊有关。开罗的医学教授泽廷·培豪在木乃伊中发现了一种已生存了4 000年的病毒，认为人们一旦接触了这种病毒便会出现呼吸道炎和脑膜炎，从而导致呼吸道发炎窒息而死。

1983年，一位名叫菲利普的法国女医生又有了新的发现，经过长期研究后，她认为死亡可能是对墓中霉菌有过敏反应造成的。据她研究，死者病状基本相同——肺部感染，窒息而死。菲利普解释说，古埃及法老死后，随葬品除珍宝、工艺品、衣服外，还放置了各种水果、蔬菜和大量食品，这些食物长久保存，经过千百年的腐烂已变成一种肉眼难见的霉菌，黏附在墓穴中。当进入墓穴中的人吸入这种霉菌后，肺炎便急性发作，最后导致了死亡。

无论是哪一种观点，都试图从某个角度揭开法老咒语的神秘面纱，但要想使谜底昭然于世，还需要科学家们长期的努力。

神秘的木乃伊与泰坦尼克号

大约在 3 000 多年前，埃及有一位叫亚曼拉的公主在去世后，按照古埃及习俗被制成了木乃伊，葬在尼罗河旁的一座墓室之中。1890 年末，4 位英国年轻人来到埃及，在当地的走私犯手中购得一具古埃及棺木，棺木中就是这位亚曼拉公主的木乃伊。从此，这位默默无闻的古埃及公主便给许多人带来了一连串离奇可怕的厄运。

公主的诅咒

将棺木带回旅馆的几个小时后，不知道什么原因，4 个人中的一个竟然无缘无故地离开了饭店，走向附近的沙漠，从此失去踪影，再也没有回来。

第二天，4 位年轻人中的另一位在埃及街头遭到枪击，受了重伤，最后将手臂切除。

剩下的两个人也都先后遭受厄运：其中一人回国后离奇地破产；另外一人则身患重病，最后沦落到在街头贩卖火柴。

而在棺木运回英国的途中也是怪事不断。运抵英同后，一位钟爱古埃及文化的富商买下了这具木乃伊。可是不久后，富商有 3 位家人在一场离奇的车祸中受了重伤，富商的豪宅也不幸失火。在经历变故之后，这位富商只好无奈地将这具木乃伊捐给了大英博物馆。

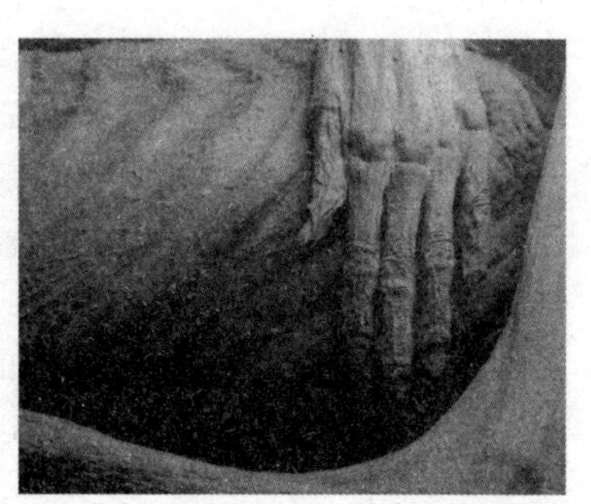

亚曼拉公主的魔力在还没进入大英博物馆之前便已经开始出现征兆。在运载木乃伊入馆的过程中，载货卡车失控将一名无辜的路人撞伤。然后两名运货

工人将公主的棺木抬入博物馆时，在楼梯间棺木突然脱手掉落，压伤了其中一个工人的脚，而另外一个工人则在身体完全健康的情况下，两天后无故死亡。

但是，大英博物馆的麻烦才刚刚开始。

亚曼拉公主的棺木被安置在大英博物馆的埃及陈列馆中。在陈列期间，夜间的守卫报告说，在亚曼拉的棺木附近常常会听见敲击声和哭泣声。甚至，连陈列室中的其他古物也经常发出怪声。不久，一名守卫便在执勤时死去，吓得其他守卫打算集体辞职。

由于怪事频发，大英博物馆决定将木乃伊放入地下贮藏室。

可是事情过了还不到 1 个星期，决定将木乃伊送入地下室的博物馆主管又无缘无故地丢了性命。

有一位报社的摄影记者特地进入地下室，为这具名声大噪的木乃伊拍摄照片，结果却在其中一张照片上洗出了可怕的人脸。后来，没人知道发生了什么事，这名摄影记者在第二天被发现开枪自杀于家中。

不久，大英博物馆将这具木乃伊送给了一位收藏家，这位收藏家立刻请了当时欧洲最有名的女巫拉瓦茨基夫人为这具木乃伊驱邪。在繁杂的驱邪仪式后，女巫宣布这具木乃伊上有着“大量惊人的邪恶能量，恶魔将永存在她的身上，任何人都束手无策”。最后，拉瓦茨基夫人给这位收藏家提出忠告：尽快将它脱手处理掉。

但是，这时已经没有任何博物馆愿意接受这具木乃伊了，因为在过去 10 年的时间里，已经有 20 人因为她而遭到不幸，甚至失去了生命。

诅咒与沉船

不久以后，一位美国考古学家不信邪，不顾一切地花了一笔不菲的费用将她买下，并且打算将她安置在纽约市。

1912 年 4 月，这位考古学家亲自护送她坐上一艘当时轰动造船界的巨轮。为了慎重，他将她安置在船长室附近，希望她能平安地抵达纽约。

而这艘船就是现在妇孺皆知的“泰坦尼克号”！最终这艘“不沉之船”沉没，葬送了 1 000 多条人命。

有待破解的“木乃伊书”

伊特拉斯坎人统治意大利半岛大部分地区至少300年时间，后被势力日渐强大的罗马人赶走。伊特拉斯坎人虔信宗教，能制造精美的艺术品，他们到处旅行，从事贸易，而当时意大利各邻邦仍然以农牧为生。他们的艺术带有奇异的东方色彩，语言与地中海地区西部其他语言完全不相似。伊特拉斯坎人善于航海，与希腊、北非等均有广泛的贸易往来，所以无法确定伊特拉斯坎人是从何处迁来定居的。

发现“木乃伊书”

考古学家对伊特拉斯坎人所知甚少，原因之一就是伊特拉斯坎人的文字还没有被破译。要想破译伊特拉斯坎人的语言，需要有一篇作用如“罗塞达碑”的文献，然而这样的文献至今尚未发现。19世纪末期，人们在一具木乃伊的裹布上发现一篇用伊特拉斯坎文写的文章。这具木乃伊是匈牙利总理公署的一位官员从非洲带回来的一件纪念品，由埃及运往欧洲。这位官员去世后，木乃伊被辗转送到萨格里布博物院。博物院的人员拆开木乃伊时，在内层裹布上发现了这份文献。由于来自埃及，专家们开始以为裹布上的文字是埃及文。直到1892年，经一群德国专家鉴定，最终确定是伊特拉斯坎文，上面共有216行字，似乎是某种宗教传单。这一截写上文字的裹布被称为“木乃伊书”。专家们经过对这具木乃伊和裹布的研究后认为，那具制成木乃伊的女尸不是伊特拉斯坎人，裹布也许是从一卷由伊特拉斯坎商人或殖民者带到埃及的亚麻布上剪下来的。因为埃及人通常不顾忌裹布的来源。

解读伊特拉斯坎文

虽然有不少语言学家热衷于探索这谜一样的文献，可是至今仍无人能掌握伊特拉斯坎文。1964 年，意大利专家帕洛蒂诺教授，在罗马附近派尔基地区伊特拉斯坎神庙进行发掘时，挖得三面金牌。其中的两面上有伊特拉斯坎文铭刻，另一面则有古迦太基文，即腓尼基人的文字铭刻。古迦太基文是语言学家通晓的文字。研究者将古迦太基文和伊特拉斯坎文加以对照比较，可是历时数月，仍没有什么头绪。三面金牌上所刻文字似乎没有可以拿来对照的地方，尽管内容可能有关系。

目前，我们仍无法解开“木乃伊书”之谜。

一夜消失的帝国

在美丽的的的喀喀湖畔，历史古老而悠远的印加文化就在那里诞生。虽然印加帝国坐落在海拔 4 000 米的高原上，但那里却水量丰沛，绿茵成片，阳光充足，是发展农业的最佳场所。在这里，印加人用他们的智慧和力量，以最进步的方法建造了瑰丽宏伟的宫殿，日出而作，日落而息，男耕女织……勾画出一幅安宁祥和的画面。印加人信奉太阳神，他们拥有进步的政治制度，而且能够利用完善的法律来治理百姓，不必对他们施以严刑。

灿烂的印加文明

以农业为本的印加帝国，早在公元前 400 年就掌握了集约栽培法，他们栽培玉米的技术是高超而无人能比的。此外，印加人在纺织品的生产技术上，更有巨大的突破，出现了各式各样的织法以及各种形态的精致图案，真可谓巧夺天工。

印加人发掘出的金矿被用来装饰帝国庄严的宫殿建筑，在宫殿的四周均镶嵌着金饰物，灿烂夺目，光彩辉煌，但也许是物极必反的道理，这也同时为印加人带来了灾难。

灾难降临

多拿卡巴克王统治时期，印加达到了无与伦比的盛世。多拿卡巴克王死后，印加帝国被分为两部分，由他的两个儿子瓦斯卡尔和阿塔瓦尔帕来统治。但是 1531 年，兄弟俩反目成仇，并引发了战争，这为自取灭亡种下了祸因。

“他们在太平洋上，乘坐漂浮在水面的大房子，掷出快如闪电、声如雷霆的火团，渐渐靠近了。”正如预言中所描绘的，猫眼、尖鼻、红发、皮肤白皙、蓄着胡须的天使回来了，印加人甚至没有抵抗，便弃城而逃了。

事实上，这一批被印加人误认为神的人，正是西班牙侵略者皮萨罗和他率领的 180 名士兵。

皮萨罗深知唯有擒获印加帝国的皇帝，才能获得更多的金银财宝，于是皮萨罗在与同来的西班牙籍神父商量后，邀请阿塔瓦尔帕这位印加皇帝前来卡萨玛尔卡镇，接受天使的召见，阿塔瓦尔帕带着 2 000 名壮士，手无寸铁地诚心接受召见，结果却难逃被皮萨罗囚禁的命运。

贪得无厌的皮萨罗囚禁了皇帝并将所有珍宝集中，为了消除后患，他还残酷地杀害了国王。随后，他又率兵前往印加首都库斯科，企图搜寻更多的宝藏，但令人感到不可思议的是，在库斯科城中，无论是宫殿、神庙都空无一物，连被称为“太阳的尼姑庵”中的百位美女也不知去向，整个库斯科城如死一般沉寂。

帝国在瞬间消失

那么，印加帝国的人们以及财富，为何在瞬间销声匿迹了？这至今仍令历史学家们百思不得其解。

有人说也许是印加人自知抵抗不过刀剑锐利、心思狠毒的西班牙人，于是用木筏载着国王的木乃伊和国内所有的金银财宝，向上天祈祷后，便把这些昂贵的宝物沉到了 250 米深的的的喀喀湖中。

然而，印加人拥有 7 万精锐，难道不敢和 180 名西班牙人作殊死之战，而任由皮萨罗横行霸道，自己私下逃向不为世人知晓的深山中吗？这种说法不能被人们所接受。然而今天，许多考古学家在安第斯山脉中，陆续发掘到许多印加帝国的遗迹，这证明印加人确实曾经抛弃苦心经营的帝国，而来到蛮荒的山地中再建王国。

在马丘比丘，考古学家丽海姆发现了一个洞穴，两边排着雕凿极工整的石块，这可能是一座陵墓，陵墓上是一座半圆形

的建筑物，外墙顺着岩石的天然走势建造。令人惊奇的是，契合的巨石连一张纸都插不进去，墙是用纹理精细的纯白花岗岩堆砌而成的，匠心独具，具有很高的艺术价值。在山上墓穴中的骨骸，女性占绝大多数，人们猜测这也许是当年太阳神庙中的那些女子在继续为印加帝国祈祷呢！由于印加子民没有留下文字记载，使得遗留下来的问题更具神秘色彩。

带着印加帝国的种种谜团，我们可以大胆地设想一下：西班牙人入侵印加帝国时，另一位国王瓦斯卡尔率领着数以百万的印加人深入蛮荒的安第斯山中，以无比坚毅的信念与勇气，在整座山上建筑自己的藏身之所，于是便有了一座座宏伟的建筑物在隐秘的丛林中再现。可是止当他们养精蓄锐、打算再振当年印加帝国的雄风时，一场大瘟疫突然袭来，残存的印加人无力重回故地，只得继续逗留在丛林中，埋葬死者，消灭遗迹。为了避免再度引起纷争，他们销毁了高度的文明，企图掩饰当年印加帝国的强盛……然而，想象终归是想象，它永远代替不了现实。关于印加帝国之谜的大揭秘，还需要研究者们的进一步努力。

维纳斯之谜

在古代希腊神话中流传着许多美丽动人的传说，其中有一个就是属于爱情女神维纳斯的。维纳斯美艳无比又非常浪漫，她掌管动植物的繁衍及人间爱情等职务。西方造像艺术把她作为女性美的形象楷模。

起初维纳斯不是断臂的，而且也并非全裸，在西方人心目中她也不是美的化身。那么，为什么我们现在看到的维纳斯会断了手臂呢？她又是如何一步步征服西方人的内心，成为他们心目中完美女性的象征呢？

雕像逐渐走向成熟

考古学家经过多年的考察与研究，终于解开这一谜团，那是一个充满浪漫与传奇色彩的故事。大约在公元前5世纪初，维纳斯海中诞生的情景进入雕像艺术的世界，但是当时的古希腊只存在男性裸体艺术，并且人们将它视为艺术美的象征，而裸体女性的艺术形象还没有出现。所以雕像中的女神虽然身材非常曼妙，但古希腊人还是给她穿上了薄薄的衣衫。

一直到了公元前5世纪末，《女祖先维纳斯》雕像的出现，才开启了艺术维纳斯裸露的时代。雕像中的女神似乎是在不经意间让肩头的衣服滑落，裸露出了一只乳房，那温柔的眼神和柔软的衣物相互衬托，将一个古希腊女子活灵活现地展现出来。虽然这个女神体格矮小、胯骨高、乳房小、腰和脚踝比较粗，完全是一个地中海沿岸农村的壮硕妇女形象，但她毕竟是第一位赤身裸体

走向古希腊人的女神，这就足够让当时的人们震惊不已了。

在西方艺术界，虽然已经出现了女性裸体艺术，但涉足这个领域的艺术大师们毕竟还是少数。这种情形一直到了普拉克希特时期，才有所改变。使他流芳百世的是《尼多斯的维纳斯》，这是一尊全身赤裸的、充满喜悦表情、目光温柔的美丽女神。当时的尼多斯人非常喜欢它，并且小心翼翼地把它放到爱神的庙堂上膜拜。

坎坷的旅程

不过，在美术史上，曾经出现过这样一个问题，它长期困扰着雕塑家们：这个有着完美造型的雕像，却只能由逐渐变细的长腿来支撑，可不可以找到一种更为稳妥的方式来弥补这种不足呢？

普拉克希特成功地解决了这一问题：他将衣饰裹在双腿上，只是让雕像的上身裸露，这样，不需要任何支撑，双臂就可以自由自在地摆出各种姿势了，《卡普亚的维纳斯》就体现了这种雕像的风格。公元前4世纪，伴随着女性裸体雕像的大放异彩，男性雕像也就逐渐黯然失色了。公元前2世纪末期，《米洛的维纳斯》诞生，它被称作古希腊时代最后一件伟大的作品。这件作品穿越时空，成为全世界人民共同追求的女性理想美的象征。之后，随着基督教统治时期的到来，裸体艺术也渐渐消失了。

直到文艺复兴时代来临，裸体艺术才重新展现了魅力，维纳斯也逐渐从神圣的殿堂走向世俗，走向自然，成为传达人体美的绝佳对象，比如乔尔乔涅的名画《入睡的维纳斯》、提香的名画《乌尔比诺维纳斯》等，而最著名的则是那幅《维纳斯诞生》。

《维纳斯诞生》

《维纳斯诞生》似乎可以作为体现这样一种“时代感”的例子：裸体的维纳斯像一粒珍珠一样，从贝壳中站起，升上了海面，她的体态是那么的娇柔无力。画面左上端的风神把春风吹向维纳斯，而春神弗罗娜则站在岸上迎接着她。波提切利以擅长画玫瑰而闻名于世，在这幅画上，他果然也画了许多玫瑰。这些玫瑰在轻风的吹送中，绕着维纳斯窈窕而柔和的身姿飘舞。画面中维纳斯的脸上挂着淡淡的哀愁，胸中似乎含有不可言传的、近乎理想的爱。在这里，人们似乎感觉到，诞生所带来的并不是欢乐，反而有点悲剧味道。画的背景是一片伸展无边的海水、肥沃的土地和茂密的树林，维纳斯的步子轻灵而飘逸，好像处于有推动力的旋律之中。

此外，这个维纳斯的姿态，很明显是参照古典雕像的样式来描绘的，只不过把两只手换了个位置。但波提切利笔下的维纳斯有着极其独特的风韵，这个被认为是美术史上最优雅的裸体，绝不是那种华丽丰艳、生命力过剩的妇女，在她面容上带有一种无邪的稚气。到了 19 世纪，法国女性人体艺术大师安哥尔又创造了不朽之作《海中升起的维纳斯》。至此，维纳斯逐渐成为西方人心目中美和理性的典范。

通过维纳斯的演变过程，人们仿佛看到一幅生动的西方社会历史画卷，在这里，我们看到的是人类对美的永恒追求。

维纳斯断臂之谜

那么，维纳斯断臂又是怎么一回事呢？

人们在 19 世纪法国舰长杜蒙·居维尔的回忆录中找到了答案。

希腊米洛的农民伊奥尔科斯于 1820 年春天挖掘出一尊维纳斯雕像。出土的维纳斯右臂下垂，手抚衣襟，左臂伸过头，握着一只苹果。当时法国驻米洛领事路易斯·布勒斯特得知此事后，迅速赶往伊奥尔科斯住处，表示要出高价收买此塑像，并获得了伊奥尔科斯的应允。但是当他们带着巨款赶往米洛准备购买女神像时，才发现农民伊奥尔科斯已将神像卖给了一位希腊商人，并且装船运走了。法国当即决定以武力劫夺。英国得到这个消息后，也派舰艇前来争夺，双方就此展开了一场激烈的战斗，混战中雕塑的双臂不幸被砸断。从此，维纳斯就成了一位断臂女神。

但是，人们没有想到断臂的维纳斯同样展现出非凡的魅力。正是从她身上，人们才体会出残缺的美。

巨石阵之谜

在浩如烟海的史料中，记载了无数的未解之谜，巨石阵之谜就是其中之一。巨石阵中的每根巨石都高达数米，有数十吨重，且都排列有序。这些巨石阵的形成原因引发了人们的无数猜想。

英格兰巨石阵

在这些巨石阵中最为著名的就是位于英格兰南部什鲁斯伯里的巨石阵遗址。这些奇特的巨石建筑，在风雨中默默地度过了几千年，注视着人间的沧桑，引起了来自世界各地的旅游观光者及众多为之困惑的考古学家、历史学家、建筑学家和天文学家的关注。

什鲁斯伯里巨石阵的主体是由一根根巨大的石柱排列成的几个完整的同心圆。在它的外围是直径约 90 米的环形土岗和沟。紧靠土岗的内侧有 56 个等距离的坑，这些坑又构成一个圆，坑用灰土填满，里面还夹杂着人类的骨灰。这些坑是在 17 世纪被发现的，因为发现者是一个名叫约翰·奥布里的人，因此现在通常称之为“奥布里坑群”。

坑群内圈竖着两排蓝沙岩石柱，现已残缺不全，有的只残留了一些痕迹。巨石阵最壮观的部分是石阵中心的沙岩圈。它是由 30 根石柱上面架着横梁，彼此之间用榫头相连形成的一个封闭的圆圈。巨石阵中每根石柱高 4 米、宽 2 米，重达 25 吨。岩圈的内部是 5 组沙岩石塔，排列成马蹄形，也称为拱门，有 2 根巨大的石柱，每根重达 50 吨，另一根约 10 吨重的横梁嵌合在石柱顶上。

这个巨石排列成的马蹄形位于整个巨石

阵的中心线上，马蹄形的开口正对着仲夏日出的方向。巨石阵的东北侧有一条通道，在通道的中轴线上竖立着一块完整的沙岩巨石。这块巨石高4.9米，重约35吨，被称为踵石。每年冬至和夏至日出时从巨石阵的中心远望踵石，太阳就隐没在踵石的背后，更增添了巨石阵的神秘色彩。

法国卡纳克石阵

位于法国布列塔尼半岛、濒临大西洋的城镇卡纳克，是一个充满神秘色彩的地方。在这里除了有巨石砌成的古墓，最吸引人的便是郊外那一片片整齐排列的石阵了。

18世纪20年代人们发现了卡纳克石阵，并对此产生了浓厚的兴趣。这片石阵，据说曾有10 000根石柱，而如今只剩下2 471根。这片石阵被农田分为36片，以12根为一排向东延伸。石柱露出地面的部分最高可达4.2米。在它旁边不远处就是莱芒尼石阵地，距城北1.5千米，从这里再向北，便是卡尔马里石阵，它比莱芒尼石阵要小，而与相邻的凯尔斯堪石阵相比就更小了。

巨石阵的建造者

根据科学家的实地考证，巨石阵最早建于新石器时代后期，约公元前2800年，那时已建成了巨石阵的雏形——圆沟、土岗、巨大的踵石和“奥布里坑群”；约公元前2000年进入了巨石阵建筑的第二阶段，整个巨石阵基本形成。这个阶段的主要建筑是蓝沙岩石柱群和长长的通道；而到了约公元前1500年时，巨石阵的第三期建筑开始了，这一期建筑是最为重要的，这时建成了沙石圈和拱门，巨石阵已全部完工，这就是我们现在所看到的雄伟壮丽的巨石阵遗址的全貌。

巨石阵的建成比埃及最古老的金字塔还要早700年，那么究竟是谁建造了这么雄伟的巨石阵呢？现在仍然众说纷纭。有人认为是当地早期居民凯尔特人所建造的墓穴，也有人认为是古罗马人为天神西拉建造的圣殿，还有人认为是丹麦人建造的用来进行典礼的地方，不过这些都是一些虚无缥缈的想象罢了。

无数学者经年累月地找寻着巨石阵的建造者。但是结果却令人沮丧不已，它与埃及金字塔一样神秘莫测，无论是建筑石料的开采、运输及安放，在当时来说都是极其困难的。于是有人认为巨石阵与金字塔是出自同一位巨匠之手。

学者们甚至还使用了当前最先进的仪器设备来考察巨石阵的奥秘，奇怪的是，他们竟然发现巨石阵能够发出超声波。这又是怎么回事呢？

学者们的考察研究又陷入了另一个谜团。无奈，他们只能相信巨石阵的建筑者是地球外的生物——外星人。

巨石阵真是外星人建造的吗？没有任何证据可以证实这一猜想。

巨石阵的用途

有的学者认为巨石阵是远古时代的天文观测仪器。早在200年前，就有人注意到巨石阵的主轴线指向夏至时日出的方位，而冬至的落日方位又在东西拱门的连线上。

1965年，波士顿大学的天文学家霍金斯通过计算机测定，得出结论：巨石阵的排列可能与太阳和月亮在天空中运行的位置有关，而56个“奥布里坑群”则能准确地预报日食、月食。此外，他还推断祭司们是通过转动坑群标记来跟踪日月运行进行推算的。

这种观点一经问世，立刻轰动一时，得到了许多人的支持，但是巨石阵究竟是否真的是天文观测仪器还存有争议。巨石文化专家柯特金指出：当时的社会状态蒙昧落后，条件简陋，史前人类是不可能建造出如此精密的天文仪器的。英国的天文学家霍伊尔也提出了异议：史前人类为何不选择一些轻便的木材和泥土来作为天文观测仪的材料，反而要选择难以开采的大沙岩呢？这样不是要耗费大量的劳力吗？而且奥布里坑群中的人类遗骨也很难与天文学联系起来。

这样，人们又再次回到了宗教这个传统观点上来。

另外，还有的学者认为巨石阵可能是原始人狩猎的特殊装置。

由于巨石阵的全部建筑时间都属于新石器时代，一些专家认为，巨石阵是猎取大型野兽的机关。他们为了猎取较大的野兽，而又不使自己受到伤害，于是就想出了这种办法。专家们认为，最初巨石阵一定还有一些由木头、骨头和兽皮等制作的构件，但是因为年代久远早已不复存

在了。由此他们判断，巨石阵很可能是一种狩猎、生活多种用途的设施。

当然，这种狩猎设施并非守株待兔式地等待野兽来临，人们一般是在其中放置一些引诱物，如利用野兽幼崽的叫声做诱饵，兽群在听到幼崽的叫唤声后，会立即包围院子，并不顾一切地拼命冲入院内。这时，巨石阵里的石头会立即砸下来，将野兽砸死。如果野兽未被砸死，楼上的猎人则投掷石块，把被困的野兽置于死地。

击中野兽后，院内的人就会把猎物拖进小楼的二层进行加工——剥皮、取出内脏、把肉分成小块，兽皮和肉等有用的东西放在楼上晾干、贮藏起来，而其他无用之物则扔到楼下作为诱饵，引诱其他野兽再次进入圈套之中。

但是更多的学者并不赞成这一说法，他们认为巨石阵纯粹就是古人祭礼的宗教场所。更有学者干脆把巨石阵视为一种文化，一种古人对巨石的崇仰与尊重。古人崇尚巨石般的坚毅威猛，向往巨石般的牢固与结实，巨石阵是古人心中一种理想的完美垒砌。

几百年来，人们陷入了对巨石阵的不断探索之中。但还是无法得出一个权威的判断，为此考古学家们仍然坚持不懈地进行着研究。

最具悬念的玛雅文明

在古老的世界文明史上，有着无数璀璨的明星，而玛雅文化便是其中非常耀眼的一颗。

当我们面对着玛雅遗址那异常灿烂的古代文明时，不禁会问：这一切来自何处？史学界的材料表明，在这些灿烂文明诞生以前，玛雅人巢居树穴，以渔猎为生，其生活方式近乎原始。有人甚至怀疑玛雅人就是美洲土著人。但是，没有证据表明南美丛林中这奇迹般的文明存在着一种渐变，或称为过渡阶段的迹象，经历过一个由低到高的发展过程。难道玛雅人的一切是从天而降的吗？

答案似乎是肯定的，因为在地面考古中没有发现任何文明前期过渡形态的痕迹，在此之前的神话传说，也没有任何线索。所以说神奇的玛雅文明仿佛是一夜之间产生，又在一夜之间轰轰烈烈地销声匿迹了。

究竟是什么力量，能在石器时代创建出傲世的文化，又是遭遇了何种苦难，才使它消失在中美洲的热带雨林里，这种种的疑问使人们困惑不解。

玛雅人居住的区域包括了中美洲的心脏地带，它横跨危地马拉、伯利兹、墨西哥、洪都拉斯和萨尔瓦多部分地区，分别以两个互相隔离的区域——齐阿巴斯和危地马拉高原的南部高地为中心。1983 年，一位英国画家在洪都拉斯的丛林中发现了一座城堡的废墟。坍塌的神庙上那一块块巨大的基石，刻满了精美的雕饰；石板铺成的马路，说明它曾经是个车水马龙、川流不息的闹市；路边砌着排水管，又标志着它曾经是个具有一定文明的都市；石砌的民宅与贵族的宫殿尽管

大多都已倒塌，但当年喧哗而欢乐的景象仿佛仍依稀可见。

所有这些断壁残垣，有的被荒草和荆棘所遮盖，有的被蟒蛇一般的野藤紧紧缠绕。从马路和房基上破土而出的树木急不可待地向废墟上空延伸，仿佛接受了某种特殊的使命，急于掩盖某种神秘的奇迹似的。

玛雅人的金字塔

这种荒蛮的自然景象与异常雄伟的人工遗迹的巧妙融合，形成了神奇的效果，吸引了无数人的目光。20 世纪以来，一批又一批考古人员来到洪都拉斯，后来他们又把寻幽探胜的足迹延伸到危地马拉、墨西哥、秘鲁以及整个南美大陆。于是无数的奇闻轶事纷至沓来。如：玛雅人的金字塔可与埃及人的金字塔相媲美；危地马拉的提卡尔城内的那座金字塔高达 70 米；墨西哥的巨石人像方阵令人困惑不解；特奥蒂瓦坎的金字塔的雄伟精致堪称奇绝；等等。

其中，最典型的就是墨西哥丛林中的 9 座金字塔。在这些金字塔中存放着精致的凹凸镜、蓄电池、变压器、太阳系模型的碎片。塔内还有一种空间形态能，可以使刀刃锋利起来，使有机物发生脱水反应。1927 年，美国探险家马萨斯在一处墓葬的陪葬品中发现了一具水晶骷髅，它发出耀眼的七色异彩，而且具有麻醉和催眠作用。然而，水晶的高级制作技术是 1947 年才开始使用的。因此，人们判断这些贮藏物可能不是地球人的杰作。

然而，金字塔出自玛雅人之手已经确定无疑了。为了建造这 9 座金字塔，玛雅人跋涉于太平洋和哥第拉之间，把所需的石料运往墨西哥的丛林中，但是在通往金字塔的途中却没有任何道路、建筑和车轮的遗迹，他们是使用什么工具把那些石料和其他物品运过去的呢？人们猜测可能是外星飞船承担了这一运载任务。

玛雅人创造的奇迹

据统计，各国考察人员在南美洲的丛林和荒原上，共发现废弃的古代城市遗址达 170 多处。它们向世人展示了一幅玛雅人在公元前 11 世纪到公元 8 世纪时，北达墨西哥南部的尤卡坦半岛，南达危地马拉、洪都拉斯，直抵秘鲁的安第斯山脉广阔的活动版图。这也表明了玛雅人在 3 000 年前，就已经开始在这块土地上生活了。

但是，如果没有巨大的精神和物质力量，那么即使受到来自其他星球智能生命的启发，美洲人也无法创造出这样的奇迹。考古学家证实，在创造这一系列奇迹时，玛雅人已经进入了富足的农耕社会，并独立创造了属于自己的文字。

然而进一步的研究并没有使人解开美洲人建造金字塔之谜，反而让人们更加迷惑不解。玛雅人拥有不可思议的天文知识，他们的数学水平也比欧洲足足先进了 10 个世纪，一个以农耕为唯一生活来源的社会，居然能有先进的天文与数学知识，这又成为一个令人费解的疑团，吸引着考古学家们前来发掘和探索。

玛雅纪年柱之谜

在悠久的古文明史中，玛雅文化的探寻对人类具有非常重要的意义。在尤卡坦和危地马拉的热带丛林里的玛雅遗址中，仍然残存着一些大大小小、高矮不一、经过精雕细刻的巨型石柱，这些石柱上面涂抹着鲜艳的色彩和美丽的图案，宏伟庄严而又神秘莫测，仿佛诉说着岁月的沧桑。这些数量多、规模大、放置位置有序的石柱的确令人费解——玛雅人为什么要煞费苦心，消耗大量的人力物力来建造这么多根石柱呢？石柱本身又蕴藏着什么秘密呢？这些都是人们一直以来迫切想要揭开的谜团。

做记事用的石柱

经过调查研究，玛雅是一个重视历史的民族，他们为了记载当时所发生的大事，每隔 20 年，都要在他们的城镇里立一块石碑或一根石柱，把所发生的事情原原本本、仔仔细细地刻在上面，这就是闻名世界的玛雅纪年石柱。这些纪年柱为研究玛雅文化提供了珍贵的历史资料，也正是因为这些石柱的存在，玛雅文化才成为美洲古代历史上唯一有年代可考的文化。

具有重大历史价值的玛雅纪年石柱，大多是一块长方形的巨石，玛雅人将巨石的上部凿成椭圆形，在它一面的正中，刻上人物故事，并在其上部、两侧或下端刻上作为铭记的象形文字。至今在帕伦克、科潘、蒂卡尔等城市遗址中发现的这类石碑与石柱已有数百根。在科潘发现的 36 根石柱，高低大小不一，每根石柱都是用一块整石雕凿而成；石柱正面有祭司雕像，造型逼真，人体比例协调；石柱的背面和侧面刻有记载重要事件的象形文字，每个文字的周围雕有花纹，可谓图文并茂。现在已知最早的一块玛雅石碑，是在危地马拉境内的蒂卡尔发现的。这块石碑被美洲考古学家命名为“Stela29”，碑高 80 厘米，正面刻着一位年轻的王子，它的年代相当于 292 年 7 月 6 日。1516 年，在尤卡坦半岛南端的图罗姆城邦，玛雅人雕凿了最后一根刻有年代的石碑。这就说明了，玛雅是古代美洲唯一的有纪年历史的奴隶制国家，玛雅人立柱记事的传统保持了 1 200 多年。

站在这些屹立千余年的纪年柱面前，我们不由会联想到玛雅遗址上原有的众多气势磅礴的石造宫殿、金字塔、庙坛和观星台。但如今，这些曾经辉煌一时的建筑大多只剩下断壁残垣了，人们只能靠想象去修复它们原来的壮观和华美。但是，人们这种普遍的对石建筑的热衷与追求却是永恒不变的。

古代玛雅社会中，较高阶层的人住石房子，较低阶层的人住草木屋。也许是无生命的石头在枯荣兴替的草木的映衬下具有了独特的艺术价值，所以它成为人类记录自我愿望的最为理想的材料。

玛雅人文字

考古学家认为，玛雅人最初是用木料或其他植物材料记录文字的，他们的根据就是目前发现的石碑。其中年代较早的一块是发现于乌瓦夏克吞的石碑，其背面刻有代表玛雅日期的象形文字 8. 14. 10. 13. 15（公元 328 年）。玛雅人用石碑记事一般是 20 年一次（也有时 5 年或 10 年一次），直到最后一块纪年碑为止，这一传统始终没有改变。但是，考古学家们发现，在最早的石碑上所记录的文字已经自成系统，发展得相当成熟，而没有文字过渡时期的痕迹，也就是说它没有初级阶段。

这一发现给那些具有科学幻想倾向的现代人提供了足够的想象空间，他们产生了是外星人传授了文字的念头，但这毕竟不能作为令人满意的答案。于是，考古学家们推测玛雅文明的形成时期可追溯至公元前，其精美的历法、文字的发展，经历了一个没有留下记录的时期。在这个时期里充当记录材料的可能是木制的或其他易腐蚀的物品。当他们的天文学、数学知识达到能够形成一套复杂的历法体系的时候，他们的文字也逐渐定型，于是他们把目光逐渐转移到了一种保存时间更长的材料——石料上来。那些精雕细刻的石柱就这样诞生了。

在这些神圣的石块堆中间，有许多高过周围大树的观星台遥望着地平线；有许多祭坛和宫殿只是为了显示威仪和奢华；然而，也有许多庙宇、石柱、金字塔是为了体现玛雅人祖先关于春分和秋分的知识；还有许多石碑是为了记录社会大事之用。

凝固的史诗

然而，西班牙人将这些玛雅文化遗产视为“魔鬼之作”并加以焚烧，以至于大部分珍贵史料失传。现今留下的少数书本实际上只是些图谱，讲述神话与王室的家史，也许玛雅祖先早就在森林大火或他们自己为了玉米种植焚烧林木的大火中，感受到了火的毁灭性力量。所以，他们选择了那些经得起考验的石头。虽然经过数百年的风吹日晒，雨水冲刷，尘土掩埋，这些镌刻在石头上、凝结在石头中的历史印证仍然伫立于创造者的家园内。它们好像一首凝固的史诗，即使记录它的经书丢失了，口传它的人民不在了，却仍能在故土的上空回响，让所有踏上这片土地的人感受到这个民族不朽的文化，仿佛古老的主人仍然存在，这些城市仍然存在一样。

人们的想象总是丰富的，尤其在面对这些如此庞大的石刻人像和建筑时，众多游访者在感慨之余，总会怀疑它们是一种非人为的杰作。不过猜测终归是猜测，当我们回到这几百块石碑前，回到这些纪年柱所描绘的现实世界中时，我们就会发现，这些石头所见证的历史，完全是人文历史，完全是人类智慧的结晶。

复活节岛的石像来自何方

在茫茫的南太平洋水域里，有一座孤独的小岛。岛上的人现在仍过着落后的原始生活，可是岛上却存在着代表高度文明的巨石雕像。很明显，这些巨大的雕像不是当地人雕刻的。那是什么人雕刻了这些头像呢？雕刻它们的目的又是什么呢？这样一座小岛给我们留下了一连串的不解之谜。这座神秘小岛的名字叫复活节岛。

复活节岛地处智利境内，坐落在茫茫无际的南太平洋水域，距智利海岸大约 3 700 千米，当地人叫它“拉帕努伊岛”，意思是“世界的中心”或“地球的肚脐”。它是世界上最神秘和最孤独的地方之一。

人们发现这个海岛上存在着两种“居民”：一种是显然处于原始状态的实实在在的波利尼西亚人，另一种却是代表着高度文明的巨石雕像。现在岛上的波利尼西亚人既没有雕刻这些巨大石像的艺术造诣，又没有海上航行数千千米的航海知识，那么究竟是什么人雕刻了这些石像？他们为什么要这样做？这一切使这个海岛笼罩上了一层神秘的色彩，也正因为如此，复活节岛在太平洋上的许多岛屿中变得与众不同。

复活节岛被发现的历史并不长。1722 年，是荷兰人首先登上此岛并为此岛命名的，恰逢那天是复活节，于是这座远离世界文明的孤岛便有了一个响亮的名字——复活节岛。

之后的几十年里，西班牙及欧洲各国的探险家们先后多次登上此岛。这些被当地居民称为“莫阿尹”的石像，有着非常明显的特征：形态各异的长脸，略微向上翘起的鼻子，向前突出的薄嘴唇，略向后倾的宽额，垂落腮部的大耳朵，刻有飞鸟鸣禽的躯干以及垂立在两边的手，这些奇特的造型赋予了石雕以独特的风采。另外，有些石像头上还戴有圆柱形的红帽子，当地人称其为“普卡奥”，远远望去，红帽子就像一顶红色的王冠，使石像显得更加尊贵和高傲。

石像从何而来

令世人赞叹不已的石像已经成为这个天涯孤岛的象征。但在惊叹之余，人们不禁要问，石像代表什么呢？复活节岛的土著人为什么要用简陋的工具去雕刻它们？

二三百年来，上述问题一直困惑着世界各国的人类学家、民俗学家、民族志学家、地质学家和考古学家，使得他们纷纷踏上小岛，试图去揭开这神秘的面纱。

但令他们更加惊奇的是：复活节岛上的居民并不知道这些石像的来历，他们之中并没有人亲身参加过石像的雕凿。这说明他们对这些石像的概念和我们一样一无所知。

复活节岛上的巨石人像正是被这些访客一次次地重复，不断地写入游记、见闻、回忆录和日记里，才变得更加神秘起来。

这些石雕人像一个个脸形狭长、神情呆滞。造型的一致，表明它的制作者是依照统一的蓝本进行加工的。而石像造型所表现出来的奇特风格，为别处所未见，从而说明它是未受外来文化影响的本岛作品。可是，有些学者指出它们的造型与远在墨西哥蒂纳科瓦的玛雅——印第安文化遗址上的石雕人像有着许多惊人的相似之处。难道是古代墨西哥文化影响过它？可是墨西哥远离复活节岛数千千米，而且这批石雕人像小的重约2.5吨，大的超过50吨，有的石像上还戴着石帽。它们究竟是如何被制作者从采石场上凿取出来，如何加工制作，又采用什么办法将它们运往远处，使之牢牢地耸立起来的呢？况且前几个世纪岛上居民还未使用铁器。总之这一切都是那么令人不可思议。

神秘的采石场

另外，人们又将面对一个相当神秘的问题——究竟谁是岛上巨石人像的制作者？这也是人们最想揭开的谜底。

人们逐一统计了岛上的巨石人像，共有600余尊。除了调查这些巨石人像的分布，人们还在拉诺拉库山脉发现了几处采石场。采石场上坚硬的岩石，像切蛋糕似的被人随意切割，几十万立方米的岩石被采凿出来。到处是乱石碎砾，加工好的巨石人像被运往远方安放，采石场上仍躺着数以百计未被加工的石料，以及加工了一半的石像。有一尊石像最奇妙，它的脸部已雕凿完成，后脑部还和山体相连。其实再需几刀，这件成品就可与山体分离，然而，它的制作者却匆匆离去，好像他忽然发现了什么意外情况似的。

小岛到底发生了什么？地质学家告诉我们，复活节岛虽然是座火山岛，但它是座死火山，在人类来到岛上居住以前，它的情况一向是稳定的。或许是狂风海啸等灾害造成工地停工，但是，岛上居民理应对海岛常见的这种自然灾害见惯不惊，大可不必惊慌失措。况且灾害过后随时可以复工，但他们却没有这样做。

这是为什么呢？雕刻这些巨石人像的原因，已经是个谜了，而采石场又突然停工，这又成了谜中之谜。

巨石像搬运之谜

许多学者研究了分布在小岛各处的那600余尊石像，以及几处采石场的规模等情况后，认为这些工作量需要5 000个身强力壮的劳动力才能完成。他们做过一项试验，雕刻一尊不大不小的石人像，需要十几个工人花一年的时间。利用滚木滑动装置似乎是岛民解决运输问题的唯一途径，同时，这种原始的搬运办法的确可以将这些庞然大物搬运到小岛的任何角落。但是，这无疑又将需要很多的劳动力。这暂且不说，令人困惑之处还在于，在专家雅各布·罗格文初到复活节岛时，他说岛上几乎没有树木。这就否定了利用滚木装置运送巨石人像的推测。

那么新的问题产生了，这些石像是怎么被搬运的呢？

还有，岛上这些石人像还有不少头戴石帽的。一顶石帽，小的也有两吨，大的重约十几吨。这又给我们带来一个问题，要把这些石帽戴到巨石人像的头上，又需要有最起码的起重设备。岛上树木不生，连滚木滑动这种最原始的搬运设备都没有，吊装装置就更不可能存在了。

而那5 000个强壮的劳动力怎样生活呢？在那个遥远的时代，小岛上仅生活着几百名土著人，他们过着风餐露宿、近乎原始的生活，根本没有能力提供养活5 000个强壮劳力的粮食。

望着遍岛存在的斑斑疑痕，面对种种不解的疑团，人们仍在努力揭开它神秘的面纱，从而了解得更多，而不仅仅是感受它神秘的魅力和宏大的气势。

庞贝古城失踪之谜

在意大利的古籍中，曾记载着昔日异常繁华的庞贝古城。可是，后来它连同附近的赫库尔兰努姆城及周围的村庄一起都神秘地消失了。庞贝古城哪里去了？这成了千古之谜。

1 600 多年后，那不勒斯东南部的农民为了引水，在打井修渠的过程中，挖出了一些大理石圆柱和雕像，这又引起人们对已经被淡忘了的庞贝城之谜的回忆。被掩埋在地下的会不会是庞贝城？1738 年，大规模的发掘工作开始了，人们从发现大理石雕像的那口井开始挖下去，没想到，这口井正对着一个圆形大剧场，经过不断发掘，一座古城终于重见天日了。但它不是庞贝城，而是它的姊妹城赫库尔兰努姆。人们从中受到鼓舞，既然找到赫库尔兰努姆，庞贝城也一定会找到。这时，人们

回忆起前些年在另一个地方修水渠时，也发现过一些罗马钱币及大理石碎片，还发现过刻有“庞贝”字样的石碑，那里很可能就是庞贝城了。

庞贝城遗址

于是，在1748年，人们又开始了挖掘。经过200多年的不断挖掘，一座被4.8千米长的城墙包围着的庞贝古城终于展现在人们的眼前：在宽阔的石板街道上印着两道深深的车痕，街道两旁是一座座商店和居民住宅，而且都保存完好，门上还刻着主人的名字。屋内摆设井然有序，墙上壁画的颜色还很鲜艳，商店里还摆放着货物。那壮观的古罗马圆形剧场、宏伟的庙宇、精致的喷水池、刻有兽头的石制供水龙等，使人们可以很容易想到昔日庞贝城那车水马龙的繁华景象。

那么，这座繁华的古城，怎么会突然消失了呢？科学家们最终揭开了这个谜底。通过考证，他们发现毁灭庞贝城的罪魁祸首是维苏威火山。公元79年9月的一天，维苏威火山爆发了。喷发的浓烟遮天蔽日，火山灰纷纷扬扬，大大小小的石块从空中倾泻而下，接着下起倾盆大雨，山洪夹带着大量的火山灰及沙石、泥土滚滚而来，庞贝、赫库尔兰努姆及周围大片村庄就这样先后被掩埋了。

楼兰古城失踪之谜

楼兰是我国汉代西域的36个附属国之一，人口有1.4万多，出使西域的张骞就曾到过楼兰。当时的楼兰，植被繁茂、土地肥沃，是丝绸之路上重要的城市。历史记载，汉武帝曾派兵攻打过楼兰，并最终使楼兰归属于汉朝。

然而，奇怪的是，楼兰古城繁荣了几个世纪后，突然消失了。没人知道是什么原因，就连史书中也没有这方面的记载。

楼兰古城遗址

1901年，瑞典探险家斯文赫汀率领考察队找到了楼兰古城的遗址，地址是新疆罗布泊地区。在那里，他们发现了用木材建造的古房屋，房屋的墙壁是用柳条编制成的，上面涂有黏土。他们还在挖掘中找到了一座庙宇的遗址，里面有一尊大约1米高的佛像……

在这次考古行动中，他们收集到了许多精美的雕饰、丝绸织品、钱币、器皿等，另外还有大量的木简、文书。从此，在历史上消失了1 000多年的楼兰古城又重见天日了。

1979年，我国考古工作者在楼兰遗址进行考古发掘时，又发现了数十座古墓。在其中的一座墓穴中，找到了一具披着金发的少女古尸，她身材娇小，身上还裹着丝绸，“楼兰古尸”立刻轰动了全世界。

那么，究竟楼兰古城为什么会成为废墟呢？为此，人们众说纷纭，莫衷一是。有人认为是由于泥沙淤积，导致塔里木河改

道；有人认为是商人不再从这里经过了，它便慢慢衰落下来；还有人认为是由于气候变化，风沙日益增大，把楼兰逐渐埋在了地下……

现在，楼兰失踪之谜究竟是什么已不再重要，重要的是，楼兰所给予我们的无限遐想。它使我们在日益紧张忙碌的生活中，可以找到一个心灵的憩息之所，让我们紧张的神经和疲惫的双眼，在古道、西风和沙漠、夕阳中，得到片刻的放松，在苍凉宽阔的天地中找回失去的自我。这也许才是我们了解楼兰的真正目的。

"幽灵潜艇" 来自何方

"幽灵潜艇"首次出现在人们的视线中，是在第二次世界大战的后期。当时日本联合舰队和美国航空母舰都曾数次受到它的跟踪。此后，在太平洋战争中，它再次出现，但这次它只对落水的水兵进行了救援，并未参与战争。由于这艘潜艇的速度和反应极快，因此，美国海军称之为"幽灵潜艇"。

第二次世界大战结束后，美国海军和苏联海军都派出大量潜艇在太平洋、大西洋进行仔细搜索。可惜搜寻了一年，还是毫无结果。美苏两国海军却因此损失惨重，他们分别有 2 艘与 3 艘先进的潜艇在搜寻中失踪。

到了 20 世纪 60 年代末，"幽灵潜艇"又频频出现在太平洋和大西洋的广大水域，跟踪美苏舰队。

这样，美苏双方便都开始怀疑是对方的侦察潜艇在作怪，但是双方对潜艇如此敏捷的速度，都感到咂舌和不服气。因此，人们常说六七十年代，"幽灵潜艇"对美苏两国在海军溜艇上的研制与扩充起了很大的作用。

1990 年，“幽灵潜艇”又出现了。这次它居然大摇大摆地出现在瑞典和“北约”海军举行的一次海上军事联合演习中。它这一挑衅行为，立刻引来了一场大围剿。10 多艘潜艇与巡洋舰在开恩克斯纳海湾排成梳篦阵势，炮弹、深水炸弹与鱼雷将这里变成一片喧嚣的战场……但最终却是以“北约”海军的败北而收场。

对“幽灵潜艇”的种种猜测

鉴于“幽灵潜艇”种种超乎寻常的现象，“北约”军事研究人员提出这样一个假设：“幽灵潜艇”会不会是外星人派到地球的不速之客呢？

我们通常所看见的“幽灵潜艇”同美国核动力潜艇外貌相似，只是更精巧一些。1992 年，法国潜水专家拉马斯克在加勒比海进行水下探险时，发现了一座圆体的周身晶亮的银灰色建筑物。它在水下飞快地旋转运行着，但却悄无声息，连波浪也未掀起。拉马斯克猜测这大概是“幽灵潜艇”的另一种类型吧！

由于“幽灵潜艇”的频繁出现，人们便开始猜测，也许在地球的某处水域中存在着“幽灵潜艇”的基地。那么，这个基地又在哪里呢？

1985 年，美国水下探险家在巴哈马群岛附近水下 1 000 米深处，发现了一座庞大的水下建筑。

1993 年 7 月，美、法专家调查队在这一片水域又发现了一座巨大的海底金字塔。在金字塔上有两个巨大的洞，水流以惊人的速度流出，使这一带海面雾气腾腾，波谲云诡。

研究“幽灵潜艇”的人认为，海底金字塔正是“幽灵潜艇”的水下基地。那上面的两个巨大的水洞，就是“幽灵潜艇”的出入口。

“幽灵潜艇”与高智商生物

俄罗斯的一些研究者认为，从“幽灵潜艇”及其基地来看，其拥有者是一种智慧高出地球人很多的外星生物。而且“幽灵潜艇”虽然多次出现在人们面前，但从未攻击过人类，反而在太平洋战争中救助过人类，可见驾驶“幽灵潜艇”者的道德文明，也远远超出人类。

研究者指出，外星人来到地球后被分为两类；一类在地面活动，一类在水下活动。水下外星人建造了“幽灵潜艇”（或者这是他们从外星携带来的杰作），然后以百慕大三角海区水下金字塔为基地进行活动。所以，各大洋特别是太平洋与大西洋，才会不时发现“幽灵潜艇”的行踪。

还有一些研究者认为，在大洋深处，一直就生活着一支具有高度文明、高度智慧的生物。它们既能在“空气的海洋”里生存，又能在“海洋的空气”里生存。在百慕大发现的大金字塔，不过是他们在海中建造的电磁网络罢了。持这种观点的研究者还强调：人类起源于海洋，也许正是在人类进化时就已分为陆上、水下两支，上岸的就是人类，水下的则被称作“海妖”。显然“海妖”的智慧高出人类很多，所以才造出了人类不能造出的“幽灵潜艇”。

研究者们认为，如果要全面揭开百慕大三角海区与“幽灵潜艇”之谜，只有等到人类与“海妖”的科学文明或道德文明相接近，能够互相沟通时才可以。但是为什么“海妖”的智慧会超越人类这么多？海底真的存在“海妖”吗？“幽灵潜艇”真的是“海妖”所制造的吗？这一系列的问题，还有待于科学家进一步考证。

钱形图案之谜

世界之大，无奇不有。在日本的一片海滩上，人们发现了一个令人啧啧称奇的景观——巨大的钱形图案。它酷似中国古代钱币的造型，而且从图案中可以辨认出清晰的字体来，的确令人费解。

这个具有立体感的图案，是掘沙筑成的。在海滩上行走时，人们根本不会觉得这是一个图案，而会误认为这不过是一道道沙沟。但当你登上岸边的一座小山向下俯视时，就会惊奇地发现，这沙沟所展示的竟是一个巨大的钱形图案。在这里，你可以看到这个图案的构图和中国古代的铜钱极其相似。在这个圆圆的沙圈中心有个四方形的孔。在这方孔的四边有“永宽通宝”四个大字。

这个钱形图究竟有多大呢？人们进行了实地测量。测量后人们发现了新的问题，原来人们所见的这个图案并非是绝对的圆形，而是一个周长为 354 米，东西长 122 米，南北长 90 米的椭圆形，但是由于人们的视觉误差，人们看到的往往都是呈圆形的图案。

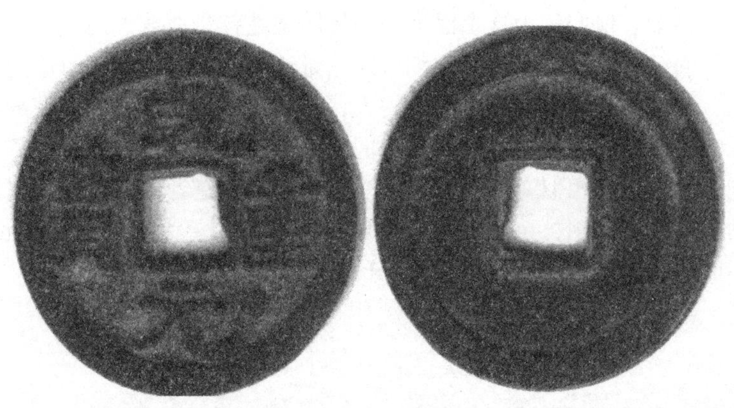

钱形图案的由来

那么这个巨大的钱形图案是如何形成的呢？据传说：1633 年，即永宽 10 年时，当地居民为了迎接龙丸蕃主前来巡视，在一夜之间掘沙修造而成的，并一直保存至今。

还有一个传说，称当年在这附近的山顶上有一座神殿，叫“八幡神宫”。公元 703 年（即大宝三年）的一天夜里，八幡大神乘坐一只发光的船，从宇宙神宫飞临此地。飞船飞去后，在它降落的地点便有了这巨型图案。于是，当地人就修了这座神宫来祭祀八幡大神。

这神秘的图案及神话传说，使人联想到秘鲁纳斯卡平原的那些巨型图案。那些巨型图案也只有从高处才能看清楚，人们认为那是宇宙人的杰作，地球人是造不出来的。那么那个钱形图案是否也是宇宙人的纪念物呢？传说中从宇宙来的大神，是否就是从宇宙中来的外星人？它所乘坐的发光船，是否就是人们所发现的飞碟呢？如果是，那么宇宙人为什么在地球上造出这一钱形图案呢？它的喻义是什么呢？人们很难找到答案来说明这一问题。

钱形图案的制作过程

于是，有的人又把眼光从宇宙收回到地球，到远古的人类祖先那里去寻找答案。他们认为这个巨大的钱形图案纯粹是地球人的杰作，是集体智慧的结晶。他们推测，在创造这一奇迹时，指挥者站在海岸边的小山上，通过旗来指挥海滩上众多的人，人们是在统一指挥下才完成这项巨大的工程的，因为只有这样，他们所创造的钱形图案才能更精确，也与钱的形状更加相似。然而，对于钱形图案的创造者，创造时间以及创造动机等诸多问题，至今仍是一个解不开的谜团。无论是哪一种解释，都不能达到无懈可击的地步，所以还需要我们进一步的研究。